De zuilen van Jerash

AF219402

*I*nhoud

Leer van gister, leef vandaag en droom van morgen.

Arabisch gezegde

*V*oorwoord

Jordanië: een verre bestemming maar toch dichtbij. Een land met een eeuwenoude geschiedenis en de daarbij behorende ruïnes. Een oase van rust in het roerige Midden-Oosten. Een land met een prima infrastructuur en vriendelijke en behulpzame mensen.
Een land waar je vol bewondering kijkt naar de Treasury van Petra en de rauwe schoonheid van de woestijn van Wadi Rum. Waar je geraakt wordt door het mooie Madaba en de ruïnes van Jerash. Waar de hitte van Aqaba en het zoute water van de Dode Zee de reiziger weer in een andere wereld doen belanden. Met de auto door Jordanië voert de bezoeker door een land met een rijke historische geschiedenis, waar verschillende bevolkingsgroepen en religies het tot een kleurrijk land maken.

Een land waar enkele keren per dag een welgemeend 'Welkom in Jordanië' tegen de toerist wordt gezegd.

Stap in en geniet samen met ons van dit koninkrijk in het Midden-Oosten.

Ada Rosman-Kleinjan

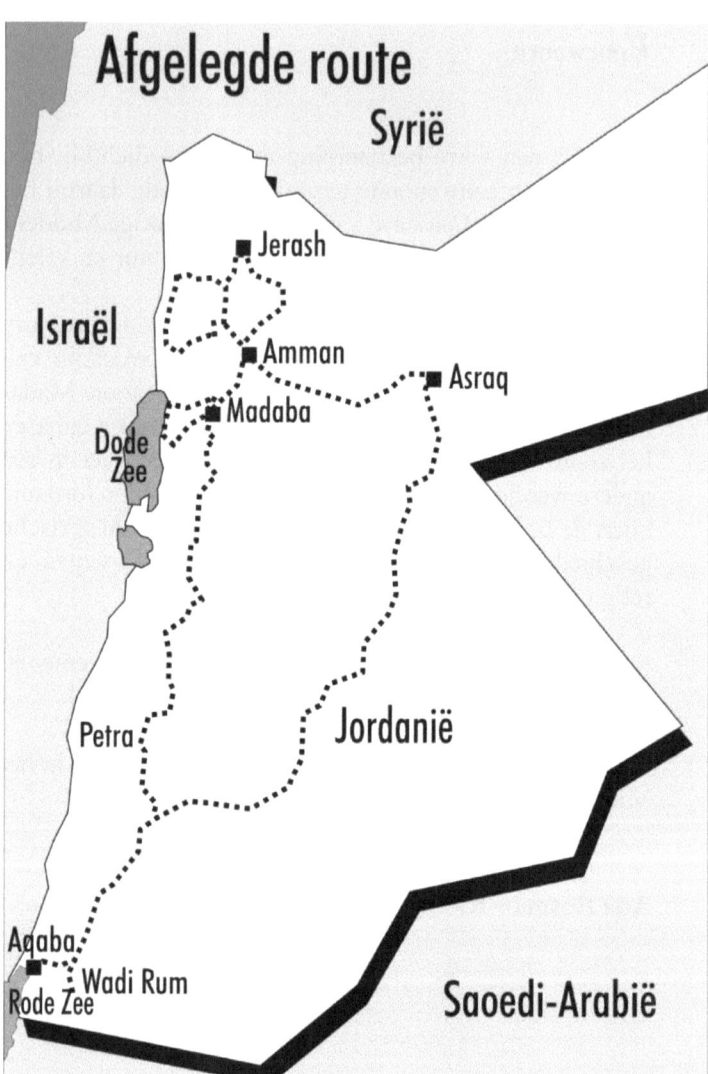

Afgelegde route

Syrië

Israël

Jerash

Amman

Asraq

Madaba

Dode
Zee

Petra

Jordanië

Aqaba

Wadi Rum

Rode Zee

Saoedi-Arabië

*W*elkom in Jordanië

'Nee, het apparaat doet het niet,' zegt de douaneman wanneer ik, met de creditcard in de hand, mij meld bij de balie. 'Je kunt geld wisselen bij de bank,' gaat hij verder en wijst naar de bank achter mij.

Wat ben ik blij dat ik altijd een paar honderd euro aan cash geld bij mij heb wanneer wij op reis gaan. Pinnen kan namelijk hier niet bij de douane; ik wissel snel honderd euro en ben er direct al weer vijftig kwijt voor de visa die opmerkelijk snel in onze paspoorten staan.

'Welkom in Jordanië,' zegt de vriendelijke taxichauffeur die ons door de nacht naar het Jordan Tower Hotel in het centrum van de oude stad brengt.

'De tweepersoonskamer die jullie hadden gereserveerd is helaas niet beschikbaar. We hebben problemen met de afvoer. Morgen heb ik een kamer met eigen sanitair voor jullie,' aldus de man achter de balie.

We krijgen een driepersoonskamer en kunnen gebruik maken van de gemeenschappelijke badkamer aan het eind van de gang, die zo groot als een postzegel is. Het warme water is allang geleden verbruikt en het toilet staat krap in de hoek; maar goed tandenpoetsen lukt prima en ach, van koud water fris je ook beter op.

Midden in de nacht word ik wakker van de *muezzin* die pal naast mijn oor alle gelovigen oproept tot het gebed. Zijn oproep is niet voor ons bestemd: we zijn hoorbaar in een overwegend islamitisch land en ik draai me nog maar eens om.

Lange tijd was Amman een rustig dorp. Dat veranderde allemaal toen in 1948 de staat Israël werd gevestigd en Amman een stroom aan Palestijnse vluchtelingen te verwerken kreeg. Binnen twee weken verdubbelde het aantal inwoners van de stad. Honderdduizenden Palestijnen hebben de stad voorgoed een ander aanzicht gegeven. Niet dat ik het verschil zie tussen een Palestijn of een Jordaniër. Voor ons zijn het allemaal Jordaniërs. Onwetendheid heeft soms ook zo zijn voordelen.

We lopen de stad in en staan binnen een paar minuten bij de imponerende overblijfselen van wat ooit een Romeins theater is geweest. De pilaren zijn wel acht meter hoog en torenen hoog boven ons uit. Een gezin, vader, moeder en twee kinderen, zitten tegen de eeuwenoude muren te genieten van hun ontbijt. De moeder is zwaar gesluierd. Ze tilt de zwarte doek die bijna haar hele gezicht bedekt omhoog en duwt het brood ergens naar binnen waar ik een mond vermoed. Alleen het kijken naar de in het zwart geklede vrouw maakt mij al warmer. Tevreden kijk ik naar mijn lange, witte rok, bloesje en blote armen. Gelukkig hebben we geen moeite met elkaars kledingkeuze en jaloers ben ik al helemaal niet. Ik hoop dat zij er net zo over denkt.

Het gerestaureerde theater is te overzien. Vaak zijn deze complexen zo groot dat ik het gevoel krijg dat ik alles bij lange na niet kan zien. Dit is een leuke, waar in de goede ouwe tijd toch nog ruimte was voor zesduizend mensen. Het gebouw is in drie delen gebouwd, de nobelen zaten uiteraard op de beste plek, de skybox zouden we dat nu noemen, de militairen kwamen op de tweede plek en het voetvolk, Jan Modaal, zat lekker ver weg van alles op de hoge, bovenste plekken. In 1957 is men begonnen met restaureren. Jammer genoeg had men niet de juiste materialen, zodat het uiteindelijke resultaat niet altijd is zoals het had moeten zijn. Een kniesoor die daar op let.

Momenteel wordt het theater in de zomermaanden weer voor allerlei optredens gebruikt. In een andere reisgids lees ik dat men het pas in 1970 heeft gerestaureerd. Nou ja, als je al eeuwenoud bent, dan maakt twintig jaar niets meer uit, beslis ik en kijk met plezier om me heen. De smurfenblauwe lucht zorgt voor een mooie omlijsting. We kopen een entreekaartje en lopen verder naar binnen. Een aardige gids biedt vriendelijk zijn diensten aan waar wij even vriendelijk voor bedanken. Het hele bouwwerk staat voor een deel gewoon in de stad waar het dagelijkse leven zich omheen afspeelt.

Nieuwsgierig lopen we het bijbehorende Jordan Museum of Populair Traditions binnen waar schitterende oude kledingstukken tentoon worden gesteld. Vroeger wist men ook wel wat mooi was. Zware zilveren sieraden maken de kleding compleet. Sommige jurken hebben exotische namen als *hemel en hel jurk*; de jurk heeft groene en rode strepen en dat verklaart de naam, aldus het bordje. Een jurk met zo'n naam dat wil toch elk meisje in haar klerenkast hebben, denk ik bij mezelf. Deze jurk is ooit gedragen door een vrouw in centraal-Palestina. Het zijn allemaal donkere jurken met kleurige details en veel sluiers.

De islamitische wereld is bekend om zijn mozaïeken en hier zien we al enkele fraaie voorbeelden. De afbeeldingen zijn duidelijk herkenbaar. In sommige is het swastikateken goed zichtbaar. Een kipschildpad vind ik erg mooi. Tenminste, ik vind het precies op een kip lijken met het huisje van een schildpad op de rug. De sfeer is aangenaam en erg rustig en we vinden dat na een bezoek aan een complex als dit, op een passend terras een lekkere cappuccino gedronken dient te worden. De eigenaar van het Pizza Roma Café klapt gedienstig een parasol open en schuift twee stoelen in de schaduw.

'Zo kunnen jullie veel beter zitten,' legt de man uit.

Ook deze man spreekt weer uitstekend Engels.

'Ik heb jaren in Australië gewoond. Mijn kinderen en verdere familie wonen er nog, maar ik werd te lui en te dik en daarom ben ik terug gekomen,' gaat hij ongevraagd verder.

Wat het een met het ander heeft te maken is mij niet helemaal duidelijk.

Jonge mannen zijn bezig om de straten schoon te vegen. Met een bezem wordt het vuil in een grote, kartonnen doos geschoven. De overbuurman schrobt zijn stoepje schoon, bij de kapper hangen kleine handdoeken op een houten rek te drogen. Vanaf ons terras kijken we naar een werkende wereld. Fraai beschilderde vrachtwagentjes rijden door de straten en moderne bussen en taxi's zorgen voor het personenvervoer.

De Australische Jordaniër schrijft in een keurig handschrift het adres van de Jordan Handicraft Producers Association op waar volgens de *Lonely Planet* veel handgemaakte producten te koop zijn in een gerestaureerd, eeuwenoud gebouw. De onbegrijpelijke lussen, bogen en streepjes waar het Arabisch schrift uit bestaat komt bij mij altijd frivool en sierlijk over.

'Nee,' schudt de eerste taxichauffeur, hij heeft werkelijk geen idee waar dat is. In een stad waar bijna drie miljoen mensen wonen en duizenden winkels zijn, kun je natuurlijk niet verwachten dat elke chauffeur alles weet.

'Ik weet wel waar het is,' meldt zich een volgende en we stappen bij de man in de auto die op ons verzoek direct de meter aanzet. Jammer genoeg is alles gesloten op vrijdag.

'Laat ons er hier maar uit,' wijst Jan, 'we lopen wel weer terug.'

Al lopend belanden we op een gezellige markt, waar prachtige spullen worden verkocht die door de standhouders zelf zijn gemaakt. De verkopers dringen de bezoekers niets op en doen daardoor goede zaken. Twee mannen, ik heb de indruk dat het broers zijn, verkopen chips in de vorm van een spiraal. Dit moet ik even nader bekijken. Een grote, schoongeboende aardappel wordt door een machine gehaald waarna de grote sliert op een stokje in het frituurvet wordt gelegd.

'Daar wil ik er wel eentje van,' zeg ik tegen de jongste broer.

Een paar minuten later heb ik mijn eigen aardappel als een sierlijke slinger op een stokje. Heerlijk. Altijd leuk en vaak ook erg lekker om onbekend eten te proberen. Zolang het in kokend frituurvet gaat, kan er niet zoveel mis gaan. Chips op een prikker. Wie kwam ooit op dit idee?

Het is duidelijk een betere buurt waar we zijn beland. Grote, dure auto's rijden door de straten, sommige worden bestuurd door vrouwen. Moderne restaurants waar stoelen met dikke kussens klaarstaan, moeten de mensen verleiden om binnen te komen; een verleiding die wij niet kunnen weerstaan. Uit een buis zorgt verneveld water voor verkoeling boven de terrassen en gedruppel in Jan zijn nek.

De eerste indrukken van dit land in het hart van het Midden-Oosten zijn zeer positief.

Jordanië weet zich tot nu toe buiten de verdeeldheid, de onrust en de trammelant van de buurlanden te houden;

iets waar de omliggende landen door verscheurd worden. Israël, waar altijd wel wat aan de hand is, Syrië, waar een akelige binnenlandse strijd woedt, Irak, ook een naam met een nare klank, Egypte, waar nog niet zolang geleden de eerste vrije verkiezingen zijn gehouden en het bij vlagen onrustig is. Saoedi-Arabië is ook geen land waar ik als vrouw graag zou willen wonen. Jordanië is een koninkrijk en men zegt dat het koningshuis voor stabiliteit, eensgezindheid en rust zorgt. De officiële naam van het land is dan ook 'Het Hasjemitische Koninkrijk Jordanië'. Zou het feit dat men in Jordanië niet naar olie boort hier ook iets mee te maken hebben? Het schijnt dat Amerika en Saoedi-Arabië Jordanië betalen om de olie lekker in de grond te laten zitten.

Aan het eind van de dag komt er beweging in de winkels en de mensen. De rolluiken gaan ratelend omhoog en de koopwaar wordt uitgestald. Het is vrijdag en dat is de dag waarop men naar de moskee gaat, de scholen gesloten zijn en veel mensen een dagje vrij nemen. Derdehands schoenen liggen netjes opgepoetst in grote stapels op blote voeten te wachten. Keurig geklede mannen zakken door de knieën en inspecteren zorgvuldig de schoenen, voordat men tot een koop overgaat. Een man met een zeer ernstig misvormd gezicht loopt met twee kleine, zwaar gesluierde meisjes aan de hand door de straten. Opvallend, omdat alle meisjes in gewone westerse kleren lopen en vaak pas op latere leeftijd overgaan tot het dragen van een hoofddoek. Vader draagt zelf de lange *gallabiyeh* of *thoob*. In de winter zal vader wel de *farwa* dragen; een winterse uitvoering van deze jas met een warme voering van schapenwol.

In elke winkel zijn we welkom en worden we binnen genodigd. Bij de banketbakker kopen we verse *baklava* en andere kleverige zoetigheden die erg lekker smaken. De onrust in de omliggende landen lijkt verder weg dan thuis.

*N*aar Jerash

De huurauto is groot en erg luxe. De auto wordt netjes bij het hotel afgeleverd en in de lobby vullen we alle papieren in. De auto hebben we thuis al door het hotel laten regelen. Hoeveel service wil een mens hebben?

'Jullie kunnen de auto over elf dagen hier weer afleveren dan haal ik hem wel weer op. Jullie kunnen met de Visakaart betalen. Als de auto in goede staat wordt ingeleverd dan pas wordt het geld van jullie creditcard afgeschreven. Het eigen risico is vijfhonderd euro.'

Geen probleem. Ook biedt hij ons nog een Tom-Tom aan.

'Nee hoor, we hebben een goede kaart en verdwalen vinden we niet erg,' lacht Jan.

Mmm, als dat verdwalen maar niet in het donker gebeurt, denk ik er achteraan. Samen met de man inspecteert Jan de auto op schadeplekken en deukjes; kleine dingen die keurig genoteerd worden en waar wij niet verantwoordelijk voor gehouden kunnen worden.

We besluiten om de laatste nachten ook in dit hotel te slapen en reserveren een kamer. Het is een prima backpackershotel met een lekker en uitgebreid ontbijt, gratis Wi-Fi in de lobby en een behulpzame staf.

Alle bagage gaat moeiteloos in de kofferbak van de Nissan Sunny en wij stappen in; helemaal klaar voor onze rondreis.

Jan rijdt verbazingwekkend makkelijk de miljoenenstad uit waar in raadselachtige krullen en strepen de plaatsnamen op de borden worden vermeld. Gelukkig staat er een Engelse vertaling onder. We zijn snel de stad uit. Grote, kale, bruinige heuvels verraden de kracht van de zon. De wegen zijn bijzonder goed en het verkeer gedraagt zich prima.

'Wat is dat toch?' roept Jan; zijn stem klinkt vol verbazing.

Een auto met een behoorlijke snelheid komt op de vluchtstrook ons tegemoet rijden. Een spookrijder waar alleen wij vreemd van opkijken.

Wanneer we met een huurauto op reis gaan nemen we alle spullen mee om zelf water te kunnen koken voor koffie en thee. Het valt nog niet mee om een plekje te vinden. Rustplaatsen of parkeerplekken, daar doet men hier niet aan. Gelukkig is een troosteloos bushokje een prima alternatief en we drinken een lekkere kop koffie met heerlijke baklava. Automobilisten zwaaien naar ons en hebben duidelijk lol om die twee toeristen zo maar aan de kant van de weg.

Jan brengt het verdwalen direct in praktijk. Hij mist een goed aangegeven verkeersbord en ook ik keek net even ergens anders naar. Een rit van ruim een uur wordt zo een leuke tocht van bijna twee uur. Op kleine vrachtwagens zijn hele stellingen aangebracht, waarop vers fruit zorgvuldig is uitgestald voor de verkoop. Het ziet er allemaal kleurig en gezond uit.

'Daar zijn de ruïnes al,' wijs ik verbaasd naar Jan als we Jerash binnenrijden.

Majestueus staat de grote boog die eeuwen geleden is gebouwd als een grote publiekstrekker midden in de stad. De stad Jerash is op en rondom deze opgravingen gebouwd.

Soms zit het mee en met meer geluk dan wijsheid vinden we het slecht aangegeven hotel. Het Olive Branch Resort doet zijn naam eer aan; het ligt fraai gelegen op acht kilometer afstand van de stad Jerash, richting Ajloun. Een oude olijfboom met een knoestige stam staat bij de ingang. Groene olijven hangen verstopt als kleine paaseitjes tussen de bladeren. De olijfboom is toch wel de boom die onlosmakelijk met dit deel van de wereld is verbonden. Ik zou dolgraag een dergelijke boom in onze tuin willen hebben. Vrienden van ons hebben een paar jaar een olijfboom in de tuin gehad. Ondanks hun goede zorgen heeft de boom de Hollandse winters niet overleefd.

'Als jullie even geduld hebben, dan is de kamer over een half uurtje klaar,' vertelt de receptionist.

'Is het ook mogelijk om een kamer op de begane grond te krijgen, waar die stoelen buiten staan?' vraag ik.

Wat is nu leuker dan zo vanuit je kamer naar buiten te lopen om even op je eigen terras te gaan zitten?

De man knikt, dat moet wel lukken. We gaan naar het restaurant op de tweede verdieping, een grote ruimte met veel plastic en kunstbloemen, en bestellen een broodje met warm vlees. We zijn de enige gasten.

In de hotellobby is gratis Wi-Fi aanwezig. Aangezien er bijna overal gratis internet is, is het voor mij erg makkelijk om mijn weblog bij te werken.

Op dit moment is de lobby gevuld met kwetterende meiden, enkele mannen en een krijsende peuter die teveel last heeft van alle aandacht.

'Het lawaai is zo verdwenen,' zegt de struise vrouw achter de balie en ze knikt naar de mensen in de hal. 'Ze worden zo opgehaald. Ze zijn hier een paar dagen geweest. Het zijn christenen,' komt er ongevraagd achteraan.

Natuurlijk knik ik, alsof dat een verklaring is voor het lawaai.

'Deze mensen zijn lid van de kerk van Nazareth. We krijgen binnenkort een groot orkest te gast. Ze gaan hier repeteren, daarna geven ze een concert in Jerash en in Amman,' gaat ze verder.

Hopelijk zijn wij dan al weg denk ik stiekem. De kamer is klaar en heeft alles wat we graag willen: een lekker groot bed, een fatsoenlijke badkamer, smoezelige vloerbedekking, een leuk zitje, maar bovenal een eigen terrasje met stoelen. Metershoge, roze bloeiende geraniums staan uitbundig in de tuin te bloeien. Zouden ze niet weten dat het al herfst is? Er is zelfs een zwembad met steenkoud water, parasols en een prachtig uitzicht over de heuvels van de stad, waar de huizen op, tussen en rondom zijn gebouwd.

De stad oogt rustig; er is geen toerist te bekennen, wat ik zeer merkwaardig vind, aangezien hier één van de grootste opgravingen van het land te zien is. Jan parkeert de auto op een bescheiden plekje en we gaan lopend de stad in. Bijna alle vrouwen lopen stevig gesluierd rond. Sommige vrouwen zijn zo zwaar gesluierd dat ik soms twee keer moet kijken om te zien wat de voor- of achterkant is. Een zeer klein spleetje waar hun ogen zich bevinden, verbindt de vrouwen met de buitenwereld. Jonge meiden zijn prachtig opgemaakt, zwierig gedraaide en geknoopte hoofddoeken bedekken het haar. Glanzende spelden versieren de hoofddoeken weer. Modern gekleed, strakke spijkerbroeken, hoge hakken en met een mobieltje in de hand onderscheiden zij zich niet veel van hun westerse zussen. Ze kijken zelfverzekerd de wereld in. Veel oudere vrouwen zijn bijzonder zwaarlijvig en lopen moeizaam door de straten. Opvallend blijft dat we geen enkele andere toerist zien, geen souvenirwinkel te ontdekken, geen terrasjes om even te zitten.

'Welkom, welkom,' lachen de mensen hartelijk naar ons.

Bij de slager hangt de koopwaar buiten in glazen vitrines. De harige kop van de geit zit nog aan het vlees vast; de ingewanden en zijn velletje zijn verdwenen. Het vlees bengelt, geseald in plastic, aan grote haken te kijk als rare objecten in een bizar museum. Bij het vuilnis dat klaarstaat om opgehaald te worden ligt een compleet, perfect uitgebeend karkas van een koe.

Het Jahale restaurant is gebouwd in de stijl van de ruïnes, waar dit stadje zijn bestaan aan heeft te danken en past perfect bij de omgeving. Overal klateren kleine watervallen, staan stoelen klaar en lopen kronkelige paadjes. We gaan ergens zitten en bestellen een broodje vlees.

'Moet je eens zien wat die ober allemaal aan groente op dat blad heeft liggen. Wie bestelt nu zoiets,' merk ik op en ben nog verbaasder wanneer de man alles op onze tafel neerzet.

Wat een bijzonder voorgerecht en we schieten beiden in de lach. Eens even goed kijken: twee kroppen sla, wortelreepjes, tomaten, paprika's, en pepers. Jan laat zich niet kennen en eet tot mijn verbazing bijna de helft op. Het ziet er ook allemaal erg gezond uit.

'Je hebt bijna een halve moestuin opgegeten,' plaag ik Jan.

Alle broodjes die we tot nu toe hier hebben gegeten zijn als een wrap verpakt en smaken uitstekend. In deze wrap zitten kleine stukjes vlees en patat. Naast ons zit een te dikke man met een bloedmooi meisje. Ze bestellen volgens mij alles wat er op de bescheiden menukaart staat en veel kan de gedienstige ober direct weer terugbrengen naar de keuken. Dat blieven zij niet. Ze zijn drukker met het roken van de waterpijp dan met het lekkere eten.

'Zullen we daar een ijsje kopen?' wijs ik als we al slen-
terend naar de auto teruglopen en loop naar de ijssalon
waar de keuze zeer verleidelijk is.
Het ziet er allemaal even smakelijk uit.
'Graag in zo'n hoorn,' zeg ik.
'Die maak ik zelf,' klinkt het trots, 'kijk maar.'
Op een wafelijzer bakt de grote man een ronde wafel die
hij vervolgens om een houten mal vouwt en voilà, een ijs-
hoorntje is klaar. Ik ga voor de *cheesecake* en Jan krijgt
een versgebakken hoorn gevuld met Arabisch ijs. Royaal
spuit de man er nog een caramelsausje overheen.
We gaan buiten op de plastic stoeltjes zitten en al likkend
aan ons ijsje worden we zelf bijna een toeristische attractie voor de plaatselijke bevolking. Wij genieten van
het straatleven dat aan ons voorbij trekt en krijgen van de
ijsman nog een lekker koekje gevuld met dadels.

*D*oor de poorten van Hadrianus

Jerash wordt wel het best bewaarde geheim van het Midden-Oosten genoemd. De moderne, huidige stad heeft zich in de loop der jaren om de eeuwenoude ruïnes geplooid en oud en nieuw gaan op sommige plekken naadloos in elkaar over. We parkeren op tijd onze auto op de grote parkeerplaats en hopen zo, voordat alle bussen met dagjesmensen uit Amman arriveren en de zon te hoog aan de hemel staat, hier uitgebreid alles te bekijken. Op een bijzondere plek vroeg aanwezig zijn geeft mij altijd een speciaal gevoel. De winkels zijn nog niet allemaal open, de bewakers nog een beetje loom en er is bijna geen toerist te bekennen. Ooit, heel lang geleden, is dit complex gebouwd door de Grieken, vervolgens kwamen de Nabetaniërs die het allemaal nog niet genoeg vonden en de stad verder hebben ontwikkeld tot een immens, cultureel centrum. In de achtste eeuw na Christus werd de stad door een grote aardbeving ver- woest, raakte bedekt met stenen en de mensen begonnen te vergeten dat er zoiets moois onder al dat puin lag. Het duurde ruim duizend jaar voordat een Duitse archeoloog de stad herontdekte.

Het ligt er magnifiek en vol ontzag kijk ik naar de schit- terende boog waar eeuwen geleden al mensen onder door liepen. Deze Hadrianusboog, ook wel de Triomfboog ge- noemd, is vernoemd naar keizer Hadrianus die hier ooit op bezoek is geweest. Grote, houten deuren hebben in een ver verleden de poort af kunnen sluiten, nu staan alleen de kozijnen er nog. Er zijn naast de supergrote boog ook nog twee kleinere ingangen. Met deze boog, die ongeveer vijfentwintig meter hoog en ook zo breed is, eerden de bewoners van deze stad de Romeinse keizer Hadrianus die in de winter van 129-130 op bezoek kwam. Wij moeten eerst een kaartje kopen voordat we verder mogen lopen. Zou de keizer net zo onder de indruk zijn geweest van dit alles als wij dat zijn? De ongelofelijke blauwe lucht geeft wel extra glans aan dit kilometerslange complex.

Hoewel de ene pilaar er heel wat beter uitziet dan de andere, maakt deze zuilenstraat indruk. De straat is ruim zevenhonderd meter lang. Sommige zuilen zijn bovenaan mooi uitgesneden en bewerkt. Grote brokken steen liggen links en rechts langs de paden. We mogen overal op, tussen en overheen lopen. De zuilen van Jerash zijn imponerend en indrukwekkend.

In het *hippodroom* is in 2005, na een afwezigheid van vijftienhonderd jaar, weer een wedstrijd met strijdwagens geweest zoals die vroeger vaak zijn gehouden: The Roman Army and Chariot Experience. Oude tijden herleefden en veertig zogenaamde Romeinse soldaten (de elite van het Jordaanse leger en politieagenten) paradeerden door het hippodroom en gaven een show van militaire vakmanschap, van zwaardgevechten tot het schieten met een katapult, wat ik dan wel weer schattig vind. Van die stoere mannen die als kwajongens met een katapult gaan schieten... Het klapstuk was natuurlijk de race met de strijdwagens. Op dit moment kunnen er zo'n vijfhonderd bezoekers zitten, drie procent van de oorspronkelijke bezettingsgraad. Ooit hebben hier meer dan vijftienduizend mensen gezeten. Ik zie nu alleen een verliefd Jordanees stelletje dat ergens lekker zit te smoezen en Jan en ik: we hebben de ruimte. Het is wel opmerkelijk dat dit juweeltje van schoonheid en geschiedenis niet door het massatoerisme is ontdekt. Want wat is het hier mooi! We lopen het hele terrein over en maken de ene na de andere foto. Uren dwalen we rond en genieten volop van dit geheim van het Midden-Oosten dat zo een klein beetje van zijn geschiedenis aan ons blootgeeft; de rest bedenken we er ter plekke wel bij. In het museum staan enkele brokstukken tentoongesteld. Waarom deze bijzonder zijn ontgaat ons.

Bij zoiets moois hoort uiteraard een cappuccino die in het bijbehorende restaurant te koop is. Na een bezoekje aan de souvenirwinkeltjes lopen we terug naar de auto en gaan naar Ajloun, waar een mooi woestijnkasteel moet staan.

In Jordanië zijn diverse kastelen. Kennen we in Nederland kastelen met torentjes, ophaalbruggen, glas-in-lood-ramen en fraai ingerichte kamers. In Jordanië zijn de kastelen stoer, robuust en staan ze vaak op heuvels en vallen daardoor extra op. Ajloun ligt maar dertig kilometer ten westen van Jerash en we zijn er dan ook snel. Zo gauw we de stad zien liggen, ontwaren we op een prominente heuvel een gigagroot kasteel: Ajloun Castle.

In tegenstelling tot veel andere kastelen in dit land is dit kasteel ongeveer achthonderd jaar geleden niet door de kruisvaarders gebouwd; de kruisvaarders zijn hier zelfs verslagen. Het kasteel geldt als een voorbeeld van de islamitische, militaire architectuur. Voor een dinar mogen we naar binnen en lopen relaxed rond in dit kasteel dat inderdaad in niets lijkt op onze Hollandse kastelen.

Er hangen grote verrekijkers die gehuurd kunnen worden en de theeschenker heeft altijd een glas thee klaarstaan.

Diverse doorkijkjes geven een kijkje op de Jordaanse heuvels en ik geloof direct dat de kruisvaarders geen schijn van kans hadden. Immense stofwolken moeten de kruisvaarders al ver voordat men ze kon zien, verraden hebben... Duivenpost zorgde ervoor dat binnen een dag een boodschap van Damascus naar Caïro verstuurd kon worden.

J.L. Burckhardt, de man die Petra aan de vergetelheid heeft onttrokken, was ook verantwoordelijk voor de herontdekking van dit kasteel. Ja, sommige mensen komen nogal eens wat tegen. Wij gaan op zoek naar meer wereldse zaken en belanden in een restaurant, waar we lekker eten van een broodje *falafel* en een sinaasappel-worteldrankje. Een wonderlijke combinatie, die ik zelf niet had kunnen verzinnen, maar erg lekker smaakt.

Al rijdend over Allah's wegen cirkelen we door plaatsjes met lastig uit te spreken Arabische namen. School-kinderen komen uit school en rennen, elkaar plagend, naar huis. Op menig balkon hangt een groot Perzisch kleed over de rand. Om wegwaaien te voorkomen staat er vaak een grote, plastic tuinstoel boven op het kleed en fungeert zo als een reuzenwasknijper. Handig.
Het is een hard en droog, heuvelachtig landschap, waar armoedig aandoende bedoeïenententen bijna verdwijnen in de omgeving. Wollige schapen keutelen om de scha-mele tenten heen op zoek naar iets te eten. En dan zo maar ineens aan de rechterkant de overgebleven pilaren van wat eens een Byzantijnse kerk, moskee en theater moet zijn geweest in een weiland: Pella. In de bloedhitte lopen we er naartoe. De poort staat uitnodigend open, er is geen mens te zien. Heel vreemd om zo maar bijna letterlijk tegen iets erg ouds aan te rijden.
Ik pak de gids er maar eens bij. Er komen hier niet veel bezoekers. De universiteit van Sydney leidt sinds 1979 de

opgravingen. Ik kan niet zien of dat nog steeds gebeurt of dat men hier 'klaar' is. Geen idee.

We schurken nu dicht tegen de grens met Israël aan. Aan de overkant ligt de West-Bank in Het Heilige Land. De rivier de Jordaan en een strenge grensovergang scheiden deze twee landen van elkaar. Toch raar; bijna dagelijks zien we op de tv en lezen we in de krant over de onrust in het Midden-Oosten, maar al reizend door dit land merken we er niets van. We ontmoeten alleen maar aardige en behulpzame mensen, eten en drinken in overvloed en rijden in een luxe auto over uitstekende wegen. De landsgrenzen bepalen de sfeer en de rust in dit land. De overkant ziet er hetzelfde uit.

We hebben Nederlandse buren gekregen die met het openbaar vervoer door dit land reizen. Waar we ook reizen, Nederlanders kom je bijna overal tegen.

*O*p weg naar Petra

De weg van Jerash naar Petra is eigenlijk niet zo lang maar duurt lang. Vooral omdat de brandstofmeter in de auto erg rood begint te knipperen en we nog steeds geen benzinepomp tegenkomen.

'Dan heeft de tank ook niet vol gezeten zoals de verhuurder beweerde,' merkt Jan op. 'We hebben nog maar ruim driehonderd kilometer gereden.'

Jan rijdt met een slakkengangetje en ik sla inwendig een zucht van opluchting wanneer we een benzinestation aan de rechterkant van de weg zien.

'Gooi de tank maar helemaal vol.'

Tanken is hier een leuke bezigheid, een liter benzine voor nog geen euro; prijzen die ik me zelfs met de beste wil van de wereld niet meer kan herinneren.

Het landschap oogt eentonig en boomloos, maar daar houd ik wel van; gewoon heerlijk ver weg kijken, blues-cd in de speler, de airco op een aangenaam standje en in het juiste gezelschap is het genieten. Het asfalt rolt geruisloos onder de wielen. Wat het rijden spannend houdt zijn de nauwelijks zichtbare verkeersdrempels die de Jordaanse overheid zeer enthousiast heeft aangelegd. Ze liggen strak in het asfalt en vallen vaak pas op het laatste moment op. Het was ook het eerste waar de taxichauffeur die ons van het vliegveld ophaalde voor waarschuwde toen hij hoorde dat we een auto hadden gehuurd. Het geeft een extra dimensie aan het rijden en houdt ons bij de les.

Door de drukte van de voorsteden van Amman rijden we eerst naar Madaba. Deze stad is zeer bekend om zijn oer-oude mozaïeken en wordt dan ook in elke reisgids vermeld. Jordanië is een land vol cultuur, oude gebouwen en bijbelse verhalen.

De bewegwijzering is vaak wel goed, maar net zo vaak raken we toch het spoor bijster, missen een bord, kijken net een andere kant op, zien iets merkwaardigs of hebben de gedachten er net op het juiste moment niet bij. Gelukkig is iedere Jordaniër bijzonder behulpzaam en komen we altijd precies daar waar we graag willen zijn. Parkeren is ook hier weer gratis en de behulpzame vrouw in het Visitor Centre legt ons de weg naar de kerk uit, wat ons niet belemmert om compleet de verkeerde kant uit te lopen.

Madaba heeft een zeer oude geschiedenis. Volgens de Bijbel zou David hier de Moabieten hebben verslagen. In de zesde eeuw na Christus ontstonden de bekende werk-plaatsen voor mozaïeken. Twee eeuwen later verwoestte een zware aardbeving de stad waardoor de mozaïeken compleet werden bedolven om pas eeuwen later door de christelijke bouwvakkers weer herontdekt te worden.

Madaba heeft alles wat Jerash niet heeft: gezellige winkelstraatjes met restaurants, waar de plastic stoelen buiten staan, veel kleurige souvenirs van plastic poppen tot smaakvolle borden ingelegd met kleine mozaïek-tegeltjes, Arabische hoofddoeken, omgekrulde kaarten, op schaal nagebouwde bedoeïenententen, petjes, boeken-leggers, portemonnees en bekers; meer dan een mens kan kopen.

Het is de Grieks Orthodoxe kerk die hier de grote publiekstrekker is. Stel je voor, je bent een bouwvakker in de negentiende eeuw, druk aan het werk om de nieuwe

Griekse Orthodoxe kerk te bouwen (1884) en ineens stuit je op de overblijfselen van een oude Byzantijnse kerk, pal naast de nieuw te bouwen kerk. Nadat al het vuil was verwijderd, werd het al snel duidelijk dat het niet zomaar een mozaïek was maar een mozaïek van ongelofelijk grote betekenis. Tot op de dag van vandaag is het de oudste kaart van Palestina. Ook staan er diverse belangrijke geschiedkundige feiten op.

Het verhaal gaat dat deze kaart van Palestina het Heilige Land laat zien zoals Mozes het ooit vanaf de berg Nebo gezien moet hebben. De kaart was ook bedoeld ter oriëntatie voor de pelgrims die naar de bedevaartsplaatsen in het Midden-Oosten wilden gaan. Er schijnen nogal wat schrijffouten in de Grieks geschreven namen te staan. Dat vind ik dan weer erg sympathiek en zeer aards klinken. Bouw je iets dat eeuwen kan weerstaan, een aardbeving kan overleven, maar dan hoor je dat je spelling niet correct is...

Ooit sierden meer dan twee miljoen steentjes dit grote mozaïek. Natuurlijk is er heel veel verdwenen, maar er ligt ook nog heel veel om een goede indruk te krijgen. De kerk is niet groot maar maakt diepe indruk door alle nieuwe mozaïeken die aan de muur hangen. Elke afbeelding stelt een bijbels tafereel voor en ziet er zo mooi uit. Vrolijk gekleurde fresco's zijn zo op de muren geschilderd, terwijl de mozaïeken allemaal netjes zijn ingelijst. Ik maak veel foto's; het is zo prachtig dat het gewoon erg veel foto's verdient. In de hoek met kaarsen steek ik een kaarsje aan en denk aan geliefden die er niet meer zijn.

Men legt duidelijk de nadruk op het feit dat deze kerk en de betekenis ervan de diversiteit en het respect voor alle religies vertolkt. Zo is het nu in Jordanië ook bij wet geregeld dat christelijke feestdagen officiële vrije dagen zijn. Als christen heb je dan recht op een vrije dag. Mensen gaan op een tolerante manier met elkaar om. Een moslimman kan ook wel met een christenmeisje trouwen. Men gaat ervan uit dat het geloof door de man aan zijn kinderen wordt overgedragen. Een christenmeisje kan gewoon haar eigen geloof belijden. Het betekent natuurlijk wel dat de kinderen moslim zijn. Andersom ligt het lastiger; een moslimmeisje zal niet snel met een christenjongen trouwen. Als man zul je toch eerst moslim moeten worden.

Iedereen viert zijn eigen feestdagen en men respecteert dat. Als toerist voelen we ons dan ook prima op ons gemak en worden overal op een vriendelijke en respectvolle manier behandeld.

De moskee met twee minaretten staat in de buurt en ook hier hebben een gezonde handelsgeest en een oprecht geloof belijden elkaar gevonden. De winkeltjes doen prima zaken en ook de terrasjes zijn goed bezet. Ik koop een aantal grappige boekenleggers die gemaakt zijn van de herkenbare stoffen waarvan menig man een hoofdtooi heeft. In Nederland beter bekend als de arafatdoek. Leuke hebbedingetjes voor mijn allertrouwste lezers.

Bij Madaba begint de Kings Highway: de oude karavaanroute waar al honderden jaren mensen over en op hebben gereisd. Voor ons dé weg om naar Petra te gaan.

'De weg schiet voor geen meter op, maar verveelt helemaal niet,' merkt Jan terecht op.

De omgeving is weer eindeloos; heuvels gaan naadloos in elkaar over. Grote bedoeïententen staan onopvallend in het landschap. Vrouwen, kinderen en het vee scharrelen in de buurt. Hoewel afwisselend in grootte zijn alle tenten in dezelfde stijl gebouwd. Lang, breed, laag, stokken in de hoeken en in het midden. Grove kleden gemaakt van geitenhaar erover en je huis is klaar. De onderkanten kunnen snel omgekruld worden en zorgen dan voor een verkoelend briesje in de tent. Bij sommige tenten wappert een indrukwekkend schone was aan de lijn. Alles straalt een hard en werkzaam leven uit. Zouden deze kinderen ook naar school gaan? Mensen kunnen hier leven en overleven, hun vee ook, maar vogels zien we bijna niet.

Bij een uitkijkpunt bij de Mujibdam drinken we onze koffie en zijn diep onder de indruk van het imposante, rauwe landschap dat verder reikt dan wij kunnen kijken. Er stopt een politiewagen en we krijgen een lifter aangeboden.

'Mag deze man met jullie mee naar zijn dorp? Hij spreekt geen Engels en anders moeten zijn collega's hem daar helemaal naartoe brengen,' vertaalt een modern geklede man en wijst naar een grote, wat dommig kijkende politieman die geen pistool bij zich heeft.

Ik heb het anders nooit zo op lifters, maar een bedeesde agent die geen Engels spreekt... Vooruit dan maar. Hij gaat op de achterbank zitten om er ruim twintig kilometer later weer vanaf te komen. Het wordt een stil ritje.

Stond Petra bij het vliegveld van Amman al groot op de borden, hier op de belangrijkste weg van het land naar de allergrootste attractie van het land laat de bewegwijzering te wensen over. Regelmatig vragen we de weg en pakt Jan de kaart erbij. Uit ervaring weten we dat verdwalen op eenzame wegen heel goed mogelijk is en we willen toch wel heel graag voor het donker aankomen. De omgeving blijft onveranderd mooi en verkeersborden waarschuwen voor overstekende kamelen.

De Kings Highway is een oude pelgrimsweg waarvan de geschiedenis ruim drieduizend jaar teruggaat.

De Israëli's maakten al gebruik van deze weg op weg naar het Heilige Land. We volgen in de voetsporen van de Nabateeërs die op weg waren naar de heilige stad Petra. Jordanië is een oud land en dat voel je ook als je naar de harde omgeving kijkt. Een landschap waar de mens zich dient aan te passen. De Kings Highway is een weg van geloof, hoop, dromen en weidse uitzichten.

Het woestijnkasteel van Karak dat nog ruim 140 kilometer van Wadi Musa afligt, is spectaculair gebouwd op een heuvel en torent hoog boven de stad uit. De meeste kastelen zijn gebouwd in de zevende en achtste eeuw. Ze werden om verschillende redenen gebouwd, de één was een vesting, de ander weer een jachtpaviljoen met badhuis. Ook in Israël, Libanon en Syrië staan enkele van deze kastelen. We laten deze voor wat het is, kijken vanuit de auto en rijden door naar Wadi Musa.

Wadi Musa is een stad die zijn bestaan dankt aan de Treasury, de wonderschone tempel uitgehakt in het roze steen. Of is het een graf? Ook iets waar men niet helemaal zeker van is. De stad oogt direct gezellig en druk. De stad wordt omarmd door de heuvels en heeft ruim veertig moskeeën die natuurlijk allemaal een eigen muezzin hebben die vijf keer per dag, het liefst een paar minuten na elkaar, door lawaaierige luidsprekers oproepen tot het gebed. Niet vreemd in een land waar zo'n 95 procent van de mensen de islam aanhangt.

Een man laat zijn paard uit. Op zich misschien niet zo raar, alleen zit de man in de auto; een touw loopt uit het bestuurdersraam naar buiten naar het halster van het paard. Wie laat wie nu uit, denk ik lachend bij mezelf.

Via internet had ik al kennis gemaakt met de Belgische Patricia die jaren geleden haar grote liefde in Jordanië vond en nu samen met haar man een mooie Bed & Breakfast runt.

Ondertussen zijn we experts geworden in het vinden van huizen in steden waar de straten geen namen en geen huisnummers hebben. We belanden bij het hoog gelegen, vierkante huis van Patricia die er direct aan komt lopen en ons hartelijk welkom heet. Ze had duidelijk naar ons uit zitten kijken. Wat een leuke stek!

Vanaf het balkon hebben we een prachtig uitzicht op de stad die aan onze voeten ligt. Een heerlijke, grote, schone kamer met vrolijke olifanten op de lakens en de slopen en een enorme badkamer waar je uit de voeten kunt.

'Hier kan ik tenminste mijn tandenborstel zo neerleggen,' lacht Jan.

Petra Bed & Breakfast heeft vier gastenkamers, die samen tien gasten kunnen herbergen. We besluiten ter plekke om hier een aantal nachten te blijven om zo vanaf een vaste stek een paar uitstapjes te kunnen maken. Het voelt direct erg vertrouwd.

'Hoe doe je dat, wanneer er mensen willen komen die geen eigen vervoer hebben?' vraag ik, aangezien deze locatie niet midden in het centrum ligt en openbaar vervoer zie ik hier niet helemaal naar toe gaan.

'Nou, ze kunnen me altijd bellen, dan haal ik mijn gasten op,' legt ze uit.

's Avonds maken we kennis met haar man Eid, een echte paardenman die nergens anders zou kunnen wonen en leven dan dicht bij de woestijn.

*D*e schatten van Petra

Sinds 2007 is Petra één van de nieuwe zeven wereldwonderen van de wereld. In dat jaar besloot een aantal Zwitsers dat mensen wereldwijd konden stemmen om zo tot zeven, nieuwe wereldwonderen te komen. Er waren drie eisen waar het wonder aan moest voldoen: het moest door mensenhanden zijn gemaakt, gebouwd zijn voor het jaar 2000 en het moest in een acceptabele staat zijn. Zwitserland en Jordanië hebben wel iets met elkaar. Nadat Petra in de veertiende eeuw was verlaten en men in het Westen geen idee had van dit wereldwonder, was het de Zwitserse reiziger Johann Ludwig Burckhardt die Petra in 1812 weer herontdekte. Misschien heeft dat de stemming beïnvloed? Want Petra viel in de prijzen. Hoewel op de uitslag wel het een en ander viel af te dingen. Het was op zijn zachtst gezegd vreemd, dat in een land met zeven miljoen inwoners Petra veertien miljoen stemmen kreeg... ook al kwamen de stemmen uit alle delen van de wereld... Uiteraard had UNESCO ook zo zijn bedenkingen; het kon de plaatselijke bevolking allemaal niets schelen: zij hadden een wereldwonder en wereldwonderen brengen geld in het laatje. Want wereld-wonderen bekijken kost geld, veel geld, zoals we al snel merken. We betalen zestig euro per persoon, maar mogen dan ook twee dagen alles bezoeken.
'Parkeren is gratis, dat scheelt alweer,' zeg ik en zie dat we bijna de hele, grote parkeerplaats voor ons alleen hebben.
Patricia heeft ons een goed gevulde ontbijttrommel meegegeven en zo gauw we door de ingang zijn, nemen

we het ervan en komen tot de ontdekking dat we de fles water in de auto hebben laten liggen. 't Is ook nog vroeg. Ik durf de gok niet te nemen om hier zonder water rond te lopen en loop snel terug naar de ingang, waar ik een paar flesjes water koop. Het is half zeven, de eerste bezoekers zijn er al. De temperatuur is heerlijk en we bedanken voor de diensten van alle mannen met ezels, paarden en koetsen die ons graag naar de Treasury willen brengen.

'Een paard is gratis hoor, zit bij het entreekaartje in,' roepen de paardenmannen.

Ja, dat zal wel maar het is veel te leuk om zelf door de Siq, de toegangsweg van ruim een kilometer lang, te lopen. Bij de ingang van de kloof is een klein stalletje waar volop water en andere drankjes te koop zijn…

Deze natuurlijke kloof is op sommige plekken slechts een paar meter breed maar vele meters hoog. Door de aangename ochtendkoelte lopen we naar het wereldwonder toe. Daar hebben we geen paard voor nodig. Mocht Harrison Ford nog heerlijk op een paard door de Siq draven in één van zijn Indiana Jones films, wij nemen de tijd. De Siq lijkt op een canyon maar is het niet. Een canyon is door het water uitgesleten, deze Siq is door een grondverschuiving ontstaan.

'We zijn er al,' zeg ik ietwat verbouwereerd.

Ik ben er helemaal niet aan gewend dat wereldwonderen of unieke plekken zo makkelijk te bereiken zijn. Meestal komt daar meer zweet en vooral spierpijn bij kijken. Een groepje schreeuwerige landgenoten verstoort de rust. We negeren de groep en staan stil bij zoveel schoonheid. De zon laat de tempel roze schijnen en wij laten ons op een bankje neerdalen om zo in alle rust de pracht en praal van Petra op ons in te laten werken. Wanneer we het over Petra hebben, bedoelen we eigenlijk de Treasury. Petra is dit hele gebied en niet dit monument: Al-Khazneh, de schatkamer van de farao.

Waarschijnlijk al gebouwd in de eerste eeuw na Christus. Ik vind het op een reusachtige deur lijken, die toegang biedt tot vele raadsels en mysteries. Door de oneindige omgeving lijkt ie misschien niet zo groot maar deze schatkamer is toch maar even dertig meter breed en 43 meter hoog. De gevel is fraai bewerkt en de vele reliëfs zorgen voor een verfijnde uitstraling. Diverse kogelgaten zijn het bewijs van bezoekers met heel andere plannen dan de toeristen die hier naartoe komen. In de hoge urn op de *tholos* zou een schat hebben gezeten. De schat is dit monument en de omgeving, denk ik. Twee dromedarissen, door iedereen hier kamelen genoemd, liggen zeer fotogeniek voor de roze schat en laten zich makkelijk fotograferen. Wie te dichtbij komt krijgt een snauw, zoals een vrouw merkt die het ene dier over de snuit wil aaien. Kamelen zijn humeurige beesten en hebben absoluut geen hoge aaibaarheidsfactor.

De souvenirverkopers lopen rond met hun handen vol kettingen en armbanden. Er zitten mooie dingen tussen, maar ik geef er niet zoveel om. Veel mannen die hier werken zien er uit als de piraten in de films van Johnny Depp. Lange, zwarte haren, strak in de spijkerbroek, uiterst stoer haantjesgedrag, de ogen soms zwart omlijnd en vlotte praatjes. Er zitten zeer mooie mannen bij en dat weten ze zelf ook wel.

Na een kop niet te drinken berberkoffie lopen we verder. Er zijn enkele zeer pittige wandelingen te klauteren. Veel mensen kiezen voor een tocht naar het klooster; wij lopen de ronde van de tombes en plekken waar vroeger geofferd werd om zo bij het oude stadshart van Petra uit te komen: High Place of Sacrifice (Al-Madbah). De zon klimt hoger en wij klauteren hoger. Met de toenemende kracht van de zonnestralen wordt de klim ook zwaarder.

De omgeving is van een verpletterende woestijnschoonheid. Regelmatig stoppen we even om op adem te komen, om goed om ons heen te kijken en te genieten. Jan fotografeert zich helemaal suf.

Op de meest onwaarschijnlijke plekken staan ineens verkopers van souvenirs, een kopje thee of een koud drankje. In metalen kisten ligt de stoffige en rommelig aandoende koopwaar uitgestald; de kisten kunnen 's avonds weer afgesloten worden. Bij een bedoeïenenvrouw met een lief, klein meisje op haar arm koop ik een koord waar olifantjes aan bengelen. Zoals verwacht heeft ze niet voldoende wisselgeld; zij doet er een dinar af, ik zoek een paar oorhangers uit en het probleem is opgelost. Soms gewoon irritant dat men zelden wisselgeld heeft en er dan maar klakkeloos vanuit gaat dat de toerist het er wel bij laat zitten. Soms heb ik daar gewoon geen zin in en al helemaal niet als ik zo bloedheet, bezweet en moe ben. Ze knikt naar Jan en hij maakt een mooie foto van de vrouw en haar dochter.

De zon schijnt feller en wij klauteren verder. Links en rechts zien we diverse afbeeldingen in de rotsen gehakt, net alsof de Nabateeërs hier zo links en rechts proef hebben gehakt voordat ze aan het klapstuk, de Treasury, begonnen. Wanneer je aan zo'n monsterklus begint als de Treasury dan heb je maar één kans en die moet direct goed en perfect zijn.

In de rotsen zijn graven uitgehakt waar in een ver verleden de doden zijn begraven. Nu kijken grote, spelonkachtige gaten ons aan. Het is een behoorlijk stevige klim en de zon doet er nog een schepje bovenop. Gewoon doorgaan, de weg terug is nog langer.

Veel mensen hebben het er moeilijk mee, terwijl anderen hier rondlopen alsof ze een ommetje maken. Uiteindelijk moet iedereen het in zijn of haar eigen tempo doen. We hebben bijna twee uur nodig en Jan schat dat we in totaal ongeveer vier kilometer afgelegd hebben. Door het stijgen en dalen, kijken, uitpuffen en soms een praatje te maken, lijkt de afstand veel langer. De High Place of Sacrifice, een zware klimwandeling maar één die zeer de moeite waard is. Traptreden zijn waar dat nodig is uitgehakt in de wanden. De heilige plek is door de eeuwen heen goed bewaard gebleven en was erg belangrijk voor religieuze ceremonies. Het is bijna zeker dat men deze plaats ook gebruikte voor begrafenisrituelen. Ik klim stug door en probeer mijn vermoeidheid en de warmte zoveel mogelijk te negeren. We passeren het immense theater en klauteren naar beneden en zijn terug bij het begin. Het is behoorlijk druk geworden; we zoeken een plaatsje op in een van de tenten, drinken gulzig twee grote glazen sinaasappelsap leeg en voldaan kunnen we weer een wereldattractie toevoegen aan onze lijst.

Veel mensen beginnen nu op het heetst van de dag aan een van de klimwandelingen, sommigen in foute kleding en totaal ongeschikt schoeisel. Waarom komen de mensen niet eerder en beter voorbereid?
Kamelen lopen rond als mannequins op de catwalk en laten zich, samen met hun berijders, gewillig fotograferen; de neus nuffig in de lucht. De kamelen dragen allemaal bonte versiersels en dikke dekens. Oudere mannen vegen de vers gevallen dierenkeutels direct in een blik; het is dan ook overal opmerkelijk schoon. Er zijn toiletgebouwen en prullenbakken. Er is de overheid veel aan gelegen om de schatten van Petra nog heel lang te bewaren; men is er duidelijk zuinig op.

Op het balkon van Petra's B&B laten we onszelf tot rust komen en drinken het ene grote glas thee na het andere. Langzaamaan ebt de vermoeidheid weg uit mijn lijf en komt de energie terug. Jan zet alle gemaakte foto's op de laptop en ik werk mijn aantekeningen bij; zo genieten we nogmaals van datgene wat we zojuist hebben gezien, ervaren en gevoeld.

In de hoofdstad Amman

De zuilen van Jerash

In Madaba

Onderweg

De Treasury van Petra

Omar op de rababa

Wadi Rum

In de straten van Aqaba

De kastelen van Jordanië

*W*oeste kastelen en tamme kamelen

'Willen jullie al naar binnen?' vraagt de man als we even voor zes uur in de morgen aan komen lopen.

Dat laten we ons geen twee keer zeggen, ik doe de deur open en we lopen voor de tweede keer de Siq binnen. Hoewel de winkels nog gesloten zijn, hangt en staat alle handel nog gewoon buiten. Mensen met snode plannen kunnen hier hun slag slaan. Stoffige honden springen rond en Jan en ik voelen ons als Indiana Jones op ontdekkingstocht; we hebben de hele omgeving voor ons alleen. Lopen door de Siq alleen is al weergaloos mooi in de vroege ochtendzon. Sommige kliffen zijn wel tientallen meters hoog. Bizarre rotsformaties, dieproze stenen waar dikke, zwarte strepen als aderen op een been doorheen lopen en kleine kunstwerken uitgehakt in het steen. Overal grote gaten in de wanden waar ooit de doden hun laatste rustplaats hebben gehad.

Daar is ie weer, de schat van Petra. Ik wist dat ie kwam en ben toch weer verrast. Ook hier is alles nog in diepe rust, drie mannen liggen diep weggedoken onder de dekens pal voor de Treasury te slapen. Wij zijn de enige toeristen. Wat een bijzonder gevoel om zo'n wereldwonder even helemaal voor onszelf te hebben. Zelfs de fotokamelen zijn nog niet van stal gehaald. Na een kwartiertje komen er twee Australische mannen aan en gaan wij na een poosje weer terug.

Wat in een ver verleden door de Nabateeërs is gemaakt heeft een diepe indruk op ons gemaakt. In mijn handboek lees ik dat zij zeer begaafde mensen waren en tot het Arabische ras behoorden. Meer dan tweeduizend jaar geleden zijn ze van het Arabische schiereiland hier naartoe gekomen. Het huidige Jordanië mag deze mensen wel zeer dankbaar zijn, want wat hebben ze met dit wonder een publiekstrekker binnen hun grenzen. Voor een importerend land als Jordanië is dit natuurlijk een superbron van inkomsten.

Patricia heeft ondertussen een uitgebreid ontbijt voor ons klaargemaakt; ze heeft aan ons dankbare eters. Na onze vroege wandeling hebben we een gezonde trek.

De hele omgeving van Petra en ver daarbuiten is van een eindeloze, ruwe schoonheid. We rijden Wadi Musa uit en onze eerste stop is Klein Petra. Klein Petra is inderdaad klein en daardoor zeer overzichtelijk. Waar Groot Petra de bezoeker dagen kan verleiden is Klein Petra in een uurtje te bewonderen. Ook hier zijn in de rotsen enkele fraaie reliëfs gebeeldhouwd. We kunnen zo doorlopen; men doet hier niet aan entreegeld. Enkele verkoopstalletjes hopen op veel klanten, maar de kans dat de bezoeker hier alleen rondloopt is vele malen groter. In de keiharde rotsen heeft men heel lang geleden een tempel uitgehakt. Ooit gebouwd als een agrarisch centrum, handelspost en rustplaats voor kamelen voor de reiziger naar Groot Petra. Er is niet zo heel veel bekend over het kleine zusje van Petra. In het Painted House, ooit een kleine eetzaal, die ik trouwens nog behoorlijk groot vind, zien we fresco's. De kleuren zijn vervaagd maar de vogels en de bloemen zijn nog heel goed te onderscheiden. Een groot traliehek moet voorkomen dat de bezoekers hier naar binnen kunnen. Met mijn camera in de hand steek ik mijn arm door de tralies en maak een paar redelijke foto's.

Een oude bedoeïenenvrouw wenkt me om naar haar spulletjes die ze graag wil verkopen te kijken. Maak ook maar foto's, weet ze ons duidelijk te maken. Volgens Patricia staat ze hier elke dag en moet ze hier haar brood mee verdienen. We maken een paar foto's en geven haar wat geld; het is tenslotte haar werk.

Onze volgende stop is het woestijnkasteel Ash Shawbak, door Jan al snel omgedoopt tot kasteel asbak. Links van de weg grazen, liggen en lopen wel dertig kamelen. Een witte steekt er met zijn afwijkende kleur opvallend uit. Een man met de bekende rood-witte doek om zijn hoofd houdt een oogje in het zeil.

Het kasteel oogt als een omgekeerde blokkendoos waarbij soms enkele stenen passend op elkaar zijn gevallen: het is een echte ruïne terwijl het Visitor Centre er piekfijn uitziet. Ook in dit kasteel mogen we zo doorlopen. In Nederland zou een gebouw als dit verboden terrein zijn. Ondanks dat het een bouwval is, valt er nog wel het een en ander te zien. We lopen door het begaanbare deel en maken mooie foto's van de twee bogen die er nog heel goed uitzien. Voeg daarbij de altijd aanwezige blauwe luchten en dan wordt het vanzelf weer mooi. Een echtpaar loopt met een Nederlandse reisgids in de hand rond en we maken al snel een praatje. Overal waar we tot nu toe in dit land hebben gereisd komen we Nederlanders tegen. Patricia vertelde ons al dat programma's als *Wie is de mol?* en *De Pelgrimscode* het land veel goeds hebben gebracht. Het land werd mooi in beeld gebracht en zo zagen veel mensen dat dit land een prima reisbestemming is. Jordanië ziet heel graag veel toeristen komen en ik gun ze het van harte.

Dit woestijnkasteel is ooit gebouwd door de kruisvaders en oogt het mooist vanaf een afstandje. Maar soms moet

je eerst naar binnen om zeker te zijn dat het aan de buitenkant mooier is... Dit kasteel wordt na het kasteel van Karak als het belangrijkste woestijnkasteel beschouwd. Vandaar misschien dat mooie infocentrum?
Bij een klein restaurantje eten we een heerlijk falafelbroodje en ontmoeten het Nederlandse echtpaar weer. We vervolgen onze weg op de Kings Highway en rijden door het grote Dana Nature Reserve. Ruim driehonderd vierkante kilometer beschermd natuurgebied vol vogels en wild.

De natuur is verpletterend mooi en het ene vergezicht wordt ingewisseld voor het andere. Het vijftiende eeuwse dorpje Dana ligt als een puzzel in een dal en ziet er van de weg af erg Anton Pieckachtig uit. Het hele gebied schijnt één archeologische snoeppot te zijn en diverse Britse teams onderzoeken dit gebied. Ik krijg sterk de indruk dat er op of aan elke meter grond, onder elke steen of rots in dit land wel een oud verhaal hangt. Jan rijdt het stadje binnen en parkeert de auto bij een klein, schattig moskeetje dat gebouwd is uit dezelfde stenen als de zandkleurige omgeving. Hoewel alle gebouwen er oud en brokkelig uitzien, ziet de moskee er piekfijn uit. We lopen het mini-stadje in en belanden als vanzelf op het terras van het Tower Hotel. In de hoek van het gezellige restaurant dommelen enkele rugzaktoeristen.
Dana is een zeer geschikte uitvalsbasis voor korte en lange wandelingen. Je kunt zelfs van hieruit een meerdaagse trekking maken naar Petra. Er moet hier nog erg veel gerestaureerd worden; dat is wel duidelijk. Het is absoluut een sfeervol stadje en heeft zeker potentie.
De muntthee smaakt weer lekker. Muntthee is gewone thee met een blaadje munt er in. De Jordaniër doet er dan

ook nog een flinke schep suiker in. Men houdt hier erg van zoet.

'Kijk maar naar mijn gebit,' lacht de man en laat zonder schroom zijn open mond zien.

Zo ziet een mens soms meer dan ie wil. Een Nederlandse vrouw die al jaren met haar man in Amman woont, komt een ander Nederlands echtpaar brengen.

'We hebben alles door Ria laten regelen,' legt de man glimlachend.

Wanneer we andere Nederlanders tegenkomen hebben we al snel een gesprek. Tips worden uitgewisseld en ervaringen gedeeld. Zij gaan morgen naar het B&B van Patricia. Ook in Jordanië is de wereld klein.

'Volgens mij heb ik u gemaild voor een kamer,' zeg ik tegen Ria. 'U had geen plek meer.'

'Dat zou best kunnen. Ik ben de enige Nederlandse vrouw met een B&B in Amman,' antwoordt ze.

Toch leuk om elkaar dan zo even tegen te komen.

We rijden dezelfde weg weer terug en zien weer heel andere dingen. De natuur blijft onveranderd mooi. Regelmatig zien we grotere en kleinere bedoeïenententen in het landschap staan. Het schijnt dat veel van deze mensen hele lappen grond bezitten. Soms wordt er wat verkocht, als de prijs interessant is. Jordanië is duidelijk een land dat volop in ontwikkeling is. Overal wordt gebouwd en is men bezig om het land op een hoger peil te krijgen.

Bij een commercieel gerund bedoeïenenkamp drinken we peperdure thee en we besluiten dan ook meteen om hier niet wat te eten. Het is het net allemaal niet, ik eet liever iets in de stad.

Door de buitenwijken van Wadi Musa rijden we terug naar de stad. Kinderen spelen op straat en bij een huis liggen twee grote kamelen als huisdieren stoïcijns voor zich uit te kijken. Zijn er eigenzinniger dieren dan kamelen? Of eigenlijk moet ik zeggen dromedarissen, de 'kamelen' die we tot nu toe hebben gezien hebben allemaal maar één bult.

In het stadje zijn voldoende mogelijkheden om lekker uit eten te gaan. Stoelen en tafels staan buiten en toeristen mengen zich met de inwoners van de stad door de straten. Wadi Musa staat bekend om zijn hoge prijzen. Op dit moment vindt er een kleine invasie van toeristen plaats. Op het internet gaat het gerucht rond dat morgen en over- morgen de toegang tot Petra gratis is.

'Heel veel mensen hebben hun reisplannen omgegooid om gebruik te kunnen maken van dit meevallertje. Wat blijkt? Het geldt alleen voor Arabieren,' vertelt een stel op het terras bij het Turkse restaurant waar wij ook willen eten.

Ik zie bekende gezichten: onze buren uit het hotel in Jerash. We maken nu nader kennis met Boaz en Bianca. Omdat toeval niet bestaat, blijkt dat Boaz heeft gewerkt aan de tunnel door Nijverdal. De tunnel die jarenlang heel Nijverdal op zijn kop heeft gezet.

*E*en dromedaris is ook een kameel

Na een zonnig ontbijt op het terras nemen we met enige weemoed afscheid van Patricia en haar gezellige B&B. We hebben het hier erg naar onze zin gehad en mooie gesprekken met elkaar gevoerd. Iemand die hier al zolang woont, weet dingen die in geen enkele reisgids staan. We gaan zeker contact met elkaar houden.

Voor de laatste keer rijden we door de stad die inmiddels zeer vertrouwd aanvoelt. Jan stuurt de auto de Desert Highway op en het is direct weer smullen van het pure landschap. Je voelt dat je door de oudheid reist. Veel mensen maken dan ook een reis door dit land met de Bijbel als leidraad en zijn vaak diep geraakt door datgene wat ze zien. Bussen met ladingen toeristen komen ons tegemoet of verlaten net als wij Wadi Musa. Nu zien we ook wegrestaurants, parkeerplaatsen en fabelachtige uitzichten.
Bij al-Rajef stappen we uit de auto en samen met tientallen anderen vergapen we ons aan het weidse landschap, waar door de eeuwen heen erosie voor grillige patronen, diepe ravijnen en hoge rotsformaties heeft gezorgd. Ik loop de grote souvenirwinkel binnen en dat is dom. De prijzen zijn belachelijk hoog en ik loop snel de winkel uit als er nog eens vijf bussen met toeristen aankomen. Allemachtig wat een drukte en wat lopen veel mensen er vreselijk fout gekleed bij. Wegwezen.
De Kings Highway mag dan de naam hebben als dé weg door Jordanië, de Desert Highway is ook niet mis. De weg is uitstekend, de omgeving nog mooier en de blauwe

luchten geven er altijd nog iets extra's aan. Veel leeg-staande huisjes staan wat hulpeloos in het landschap. Bedoeïenententen liggen als donkere vlekken in het land-schap. Kamelen lummelen links en rechts rond en wij stoppen bij een, ja wat is het eigenlijk, een bouwplaats en maken een lekkere kop koffie. Vrachtwagens toeteren vriendelijk als ze ons zien staan en ik vermoed dat de toeristen in de luxe touringcars wat meewarig naar ons kijken.

Wadi Rum wordt goed aangegeven en tegen twaalf uur rijden we het grote park binnen, waar op onze komst is gerekend. Khaled is een kennis van Patricia en zij heeft even voor ons gereserveerd. Bij de eerste parkeerplaats betalen we het entreegeld voor het park en mogen vervolgens doorrijden naar de volgende parkeerplaats die vijf kilometer verder ligt en waar een wat troosteloos Visitor Centre annex toeristenpolitiebureau staat. Kame-len liggen aan de kant van de weg en passen naadloos in dit landschap. Jan parkeert de auto en er komt al snel een mooie Arabier naar ons toelopen met een ontwapende lach op zijn gezicht.

'Mijn naam spreek je uit als Galed met een harde g; daar hebben de Nederlanders nooit moeite mee,' stelt Khaled zich lachend voor.

We gaan eerst wat drinken; het is behoorlijk warm. Toe-risten komen en gaan en zoeken naar de juiste mensen die hun door de woestijn zullen rijden. Er hangt een gezel-lige, wat rommelige sfeer. Khaled spreekt uitstekend Engels en nu kan ik eens even vragen hoe het precies zit met de dromedarissen die kamelen worden genoemd.

'Waarom noemen jullie dromedarissen toch kamelen?' vraag ik en verwacht een hele uitleg.

'Nou, dat is niet zo moeilijk. In het Engels is helemaal geen woord voor dromedaris. De Franse taal maakt dit onderscheid wel. Je hebt gewoon kamelen met één bult en kamelen met twee bulten. Ook in het Arabisch hebben we maar één woord voor deze twee beesten,' legt hij uit.

Kan het echt zo simpel zijn?

'Er zijn hier zelfs mensen die niet geloven dat er kamelen met twee bulten zijn omdat ze dat nog nooit hebben gezien,' lacht Khaled.

'Nou, maar wij hebben ook twee verschillende namen voor deze verschillende dieren,' zeg ik trots, alsof wij iets kostbaars hebben dat bijna niemand heeft.

Het is overduidelijk: dromedarissen of kamelen, het is één pot nat. Een dromedaris is ook een kameel. Punt.

Khaled draagt ons over aan zijn neef Omar, die ons naar het kamp zal brengen en goed voor ons zal zorgen.

'Kunnen we ook lunchen bij jullie?' vraag ik.

'Geen probleem, wordt voor gezorgd. Willen jullie morgenvroeg een rit door de woestijn in een gesloten auto of in deze open wagen?'

'Graag in deze open wagen,' zeggen we tegelijk.

Die keuze is niet zo moeilijk. We stappen met onze bagage in de overdekte laadbak van een Toyota pick-up en rijden door de woeste woestijn van Wadi Rum naar het tentenkamp van Khaled en zijn broer. Door de zon verbleekte kamelenskeletten liggen keurig als grote reuzenpuzzels uitgestald in het rozige zand. De wind stuift het fijne poederzand alle kanten op. Diverse woestijnkampen worden gepasseerd, voordat we na twaalf kilometer ons kamp bereiken dat al heel lang in het bezit is van de familie van Khaled. Tot nu toe zijn wij de enige gasten en onze bagage wordt in een snikhete tent gezet.

De gedachte dat ik daar vannacht moet slapen duw ik maar even heel ver weg en we gaan het kamp verkennen.

De keuken is een stenen gebouw en ook de douches en de toiletten zijn in een 'echt' gebouw ondergebracht. Het ziet er allemaal netjes uit. We zitten tenslotte in de woestijn en dan zijn de eisen anders dan in een moderne stad. De grote leef- en woontent is inderdaad erg groot; langs de wanden liggen kleurige matrassen en kussens om op te zitten. Oude afgedankte kamelenzadels hangen als decoratie aan de wanden. Een grote foto van de zeer geliefde koning Abdolah heeft een prominente plek in het midden gekregen. In een hoek staan wat souvenirs uitgestald: speelkaarten met slechte afbeeldingen van de woestijn, houten olifanten, een lange jurk en drie scheerspiegels. Waarom zou een toerist in hemelsnaam besluiten om uitgerekend hier een scheerspiegel te kopen? Grappig dat je hier een houten olifant kunt kopen. Kamelen zie ik niet staan. Op de een of andere manier zijn olifanten erg populair in dit land.

'De tent is gemaakt van het haar van geiten,' legt Omar uit. 'Ik ben zelf acht jaar kok geweest en nu ben ik chauffeur en gids.'

Het klinkt als een promotie.

'Ben je getrouwd?' wil ik graag weten.

'Nee. Hoe oud denk je dat ik ben?' vraagt hij vervolgens aan mij.

Gatver, dat zijn altijd lastige vragen. Een forse baardgroei maakt de Jordaanse mannen in mijn ogen vaak ouder dan ze zijn. Ook Omar heeft een baardje.

'28?', gok ik en sla de plank helemaal mis als blijkt dat hij nog maar 23 jaar oud is.

'Ik ben op mijn veertiende hier begonnen. Ik had een hekel aan school en hier werken vind ik geweldig,' klinkt het overtuigend.

'Komen er nog meer gasten?' wil ik graag weten.

'Ja, nog een Japans stel. Japanners maken altijd erg veel foto's. Dat komt omdat ze maar heel weinig vakantie hebben,' legt Omar uit.

Dat Japanners veel foto's maken is bekend, maar ik wist nooit waarom...

Ali, de kok, heeft een heerlijke lunch gemaakt: een prutje van bruine bonen en dikke kikkererwten, komkommer en tomaat. In plaats van eten met een vork scheuren we een stukje van het verse brood af, pakken daar wat van het bonenmengsel in en stoppen alles in de mond. Verrukkelijke yoghurt waar ook stukjes tomaat en komkommer in zitten maken de maaltijd compleet. Stukjes appel en een koekje als toetje. De maaltijden zijn altijd overvloedig. De mensen hier houden van gevulde schalen en borden en vinden het vervelend wanneer alles leeg gegeten is. Want hoe weet je dan dat je gast genoeg heeft gehad? Ik vind het gewoon erg jammer dat er altijd zoveel overblijft. Eten wordt hier met veel liefde, aandacht en tijd klaargemaakt.

In Wadi Rum zijn ongeveer vijfentwintig kampen, waarvan dit kamp één van de mooiste locaties heeft. Ik zet een stoel in de schaduw van de grote tent, pak mijn boek, schrift en reisboek en ga lekker zitten lezen en schrijven. Jan pakt zijn camera en gaat de omgeving verkennen. We zitten hier midden in het hart van het nationale park en zijn daardoor verzekerd van de mooiste zonsondergang.

Samen met Khaled arriveert de Japanse Yukie met haar man en stelt zich lachend voor. Ze spreekt prima Engels, iets waar haar man meer moeite mee heeft, maar hij lacht lief.

De hitte is intens en de wind waait het zand als poedersuiker rond. Ali en Omar liggen te slapen in de tent. Ze hebben hun gallabiyeh uitgetrokken en liggen in hun spierwitte lange broeken en hemden op de kussens. Onbegrijpelijk dat zij hun kleren zo wit weten te houden; wit is hier ook echt wit.

Het zand heeft dezelfde abrikooskleurige kleur als het zand in de Sossusvlei in Namibië. Wij voelen ons hier dan ook direct thuis. Namibië is een grote liefde van ons, waar we al vaak zijn geweest en hopelijk nog vaak weer naartoe kunnen gaan. Af en toe horen we een auto die toeristen naar andere kampen brengt, verder overheerst de wind en de stilte.

Khaled is gefilmd door een Japans televisieprogramma. Yukie heeft foto's van de televisie gemaakt en voor hem meegenomen. Vol trots laat hij ons de foto's zien. Ze zijn mooi, Khaled is een mooie man met een bijzonder fraai gebit. Volgens mij is hij zelf een beetje onder de indruk van zijn eigen kop.

Khaled is een verwoed hobbyfotograaf en heeft hetzelfde fototoestel als Jan. Tips worden uitgewisseld en samen zakken ze neer in het woestijnzand en maken schitterende foto's van de zonsondergang. Er komen een paar andere auto's aanrijden met toeristen uit andere kampen waar de zonsondergang niet zo mooi te zien is.

'Prima, ze zijn allemaal welkom maar niet op dit deel,' wijst Khaled. 'Hier wil ik ze niet hebben. Ik moet er niet aan denken dat hier door alle bandensporen een weg ontstaat. Soms slapen hier 's nachts gasten van ons en dan kan ik de volgende dag de toeristen onder het zand vandaan halen,' lacht hij, maar zijn ondertoon is serieus.

De sterren komen tevoorschijn en door te goochelen met de sluitertijd wordt de ene na de andere foto gemaakt van de sterren en de maan. Yukie heeft uiteraard een

fantastische camera en voegt zich graag bij de fotogra-
ferende mannen.

Ze liggen met hun drieën op hun buik in het afkoelende
zand. Ik geniet net zoveel van deze drie mensen die
elkaar tot een paar uur geleden niet kenden en nu als een
internationaal team in het zand liggen. Heel bijzonder.
We hebben mazzel dat we maar met vier gasten zijn.

'Ik heb altijd plek,' vertelt Khaled. 'Ik krijg wel vaak
verzoeken van grote groepen Arabieren om hier te
komen. Meestal weiger ik die. Te veel lawaai. Ik vraag
dan zoveel geld dat ze niet meer willen komen. Vooral
als ik toeristen heb, wil ik geen groepen met veel kabaal.
Ik heb graag Japanse gasten; leuke bescheiden mensen
die erg geïnteresseerd zijn. Japanse vrouwen vinden ons
leuk. Wij hebben, in tegenstelling tot Japanse mannen,
een stevige baardgroei en dat vinden Japanse vrouwen
mooi,' en hij wrijft tevreden over zijn keurig verzorgde
baard.

Een mens steekt nog eens wat op in de woestijn. Kabaal
en lawaai zijn hier ver te zoeken. Wat een wereld en we
genieten allemaal van de heldere maan, de sterren en het
afkoelende zand waar het heerlijk lopen is op mijn blote
voeten. Wanneer de zon verdwijnt, verdwijnen ook de
vervelende vliegen. Er zit er altijd eentje tussen die op en
rond je mond vliegt. Rotkrengen. Ik krijg er moord-
neigingen van en soms lukt het me om er eentje te ver-
pletteren.

Omar roept ons dat het avondeten klaar is en we moeten
komen kijken naar een bult in het zand waar ons eten
onder ligt. Omar veegt met een bezem zorgvuldig het
zand weg en er komt een groot deksel van bijna een
meter doorsnee tevoorschijn. Acht ogen kijken ver-
wachtingsvol toe van wat daar in vredesnaam in kan
zitten. Hij haalt een groot, twee verdiepingen hoog, bar-

becuerooster tevoorschijn. Het is een zogenaamde *zerb* oven. In het onderste deel liggen stukken aardappelen en halve uien. Op het bovenste rooster liggen heerlijk uitziende stukken kip.

'Bedoeïenenbarbeque?' vraag ik lachend.

De meeste bedoeïenenkampen in de woestijn gebruiken deze ovens. Er wordt een groot gat in het zand gemaakt waar voldoende houtskool in wordt gelegd. De oven wordt goed afgesloten en gaat voor minimaal een uur de grond in. De hele zerb gaat mee naar binnen. In de grote woontent staat een buffet voor ons klaar. Tomatenkom-kommersalade, brood, rijst en onbekende sauzen. We eten gezellig en lekker met elkaar. Op elke reis heb je ontmoetingen met andere reizigers en bewoners van het land, waar je een avond of een dag mee doorbrengt; ontmoetingen die net een stapje verder gaan. Mooie ge-sprekken, grappen en muziek.

'Is het waar dat Japanners maar een week vakantie heb-ben?' wil ik nu graag weten van Yukie.

'Klopt. De meeste mensen hebben maar één week vrij en dan gebeurt het ook nog heel vaak dat men deze week niet gebruikt. De werkdruk in Japan is gigantisch,' legt Yukie uit.

De mannen pakken hun eensnarige muziekinstrument: de *rababa*. Met een soort boog, gemaakt van paardenharen, weten zij weemoedige muziek te maken. Het lukt Jan en Yukie ook om er geluid uit te krijgen.

'Ik heb mijn zoon naar mijn broer vernoemd die over-leden is. Hij was maar 32 jaar oud,' begint Khaled te ver-tellen.

Khaled is 28 jaar oud en heeft een zoontje van een paar maanden oud. Zijn vader had en heeft vele vrouwen en daardoor is Khaled in het bezit van 27 broers en zussen…

De verdwijnende zon heeft de hitte definitief meegenomen en zelfs in onze knetterhete slaapkamertent is het
nu goed toeven.

Verwarrend Aqaba

'Hebben jullie vannacht buiten geslapen?' vraag ik aan Yukie, die bij een stapel matrassen en dekens staat.
'Dat wilden we wel maar mijn man kon niet slapen en toen zijn we maar naar onze tent gegaan. Om vier uur zijn we weer naar buiten gegaan om de sterren te fotograferen.'
Als bewijs laat ze foto's zien van miljoenen sterren die bijna van de camera buitelen. Jan en ik lopen verder en kijken naar de zon die opkomt en het zand langzamerhand weer opwarmt. Ali heeft het ontbijt klaarstaan en samen eten we een lekkere maaltijd voordat we afscheid nemen van elkaar. Yukie en Satoru worden door Omar naar de parkeerplaats teruggebracht.

Khaled zal ons zelf rondrijden om ons de schoonheid van de woestijn te laten zien. Hij is geboren in de woestijn en zou volgens mij nergens anders kunnen wonen en leven. De verpletterende mooie natuur is te groot voor woorden. In ongeveer veertig miljoen jaar is hier een woestijn vol rotsen ontstaan die betoverend is. Khaled weet feilloos de weg en laat ons met veel liefde en passie zijn woestijn zien en geeft in mooi Engels antwoord op onze vragen.
'Hoe komt het dat jullie allemaal zo goed Engels spreken?' vraag ik.
'Het meeste leren we van de toeristen. Wanneer ik iets niet weet, vraag ik het,' legt hij uit.
Dat laatste klopt; dat hebben we al een paar keer kunnen merken. Wanneer wij een Engels woord gebruiken dat hij niet kent, vraagt hij direct wat het betekent en slaat het

onmiddellijk op in zijn geheugen. Khaled is een intelligente, zelfverzekerde man; dat is aan alles te merken.

Eeuwen geleden hebben geologische aardverschuivingen de rotsen en stenen open gebroken en kapot laten barsten. Dat het hele gebied in een ver verleden helemaal onder water heeft gestaan is goed te zien aan de soms mooie gave rondingen die vervolgens door het zand zijn gepolijst en nu schaamteloos staan te glanzen in de zon. Vanuit de open laadbak hebben we een groots uitzicht op de omgeving; de wind is gaan liggen en we genieten volop van een wereld die zo afwijkt van onze eigen wereld. Gaan we daarom niet op reis?

Bij een rots vol oeroude tekeningen stopt onze gids annex chauffeur en stappen we uit om te kijken wat mensenhanden in een ver verleden in de rots hebben gebeiteld. Zouden dat nu mannen of vrouwen hebben gedaan? De kamelen zijn zeer duidelijk te herkennen. Door de droogte zijn de tekeningen goed geconserveerd. Er is geen enkele belemmering om er naartoe te lopen en foto's te maken. Gewoon open en bloot in de brandende zon en volgens mij kunnen ze nog eeuwen mee.

Uren rijdt Khaled ons door de woestijn, waar we heel af en toe een andere auto zien. We passeren onbewoonde of tijdelijk verlaten tenten, waar de hele huisraad open en bloot te kijk staat. Ik voel dan ook geen enkele gêne om alles even nauwkeurig te bekijken. Als bedoeïnenhuisvrouw moet je wel tegen een beetje zand kunnen.

Bij een rode zandduin, die in de Namibische Sossusvlei niet zou misstaan, pakt Khaled een snowboard uit de auto. Jan gaat een poging wagen en klimt met het bord onder zijn arm naar boven. Het mulle zand rolt onder zijn voeten weg, twee stappen naar boven betekent één stap weer naar beneden.

'Ik ga filmen. Wil jij foto's maken?' vraag ik aan Khaled.
'Jij kent zijn camera beter dan ik.'
'Natuurlijk,' knikt hij en pakt graag de camera aan.
Jan suist naar beneden en rolt met een elegante koprol met plank en al aan eind naar beneden.
'Ik wist dat hij zou omrollen en daardoor kon ik deze mooie foto's maken,' lacht Khaled en laat een perfecte foto zien van een omvallende Jan.

Een stop dicht bij de Village, zoals de bewoners het dorp bij de ingang noemen, leidt naar een drooggevallen bron. Jan loopt naar de bron, ik ga naar de bedoeïenentent waar hete thee en koud water, dure kettingen en stoffige prullaria te koop zijn. Ook liggen er nieuwe hoofddoeken, de *kefiyah*, die de mannen als een tulband om hun hoofd vouwen.
'Een nieuwe doek van een zeer goede kwaliteit kan wel vijfendertig dinar kosten,' vertelt Khaled.
'Hebben de verschillende kleuren nog een bepaalde betekenis?' vraag ik.
Ik zie mannen de rood-witte doek dragen, veel hebben een zwart-witte doek en hier zit een man met een bruin-blauwe doek. Zo een heb ik nog nooit eerder gezien.
'Jazeker. Rood-witte doeken worden door de Jordaniërs gedragen en zwart-witte doeken door de Palestijnen. Uiteraard moet je zelf weten wat je draagt,' legt hij uit.
'Is die van jou van zijde?' ga ik verder.
'Nee, als moslimman mag ik geen zijde dragen. Ook zal ik geen gouden sieraden dragen. Dat mogen mannen niet dragen,' klinkt het zeer beslist.
'Mag je dan wel roken?' vraag ik een beetje plagend.
'Euh, nou daar zijn de meningen over verdeeld,' antwoordt hij ietwat beschroomd.

Veel mannen roken hier en steken de ene sigaret na de andere op. Khaled is hier geen uitzondering op. Waar ik beperkingen zie, ziet Khaled alleen maar mooie, goede regels die zin aan zijn bestaan geven. Wat voor alle geloven geldt, geldt natuurlijk ook voor de islam; de één zal wat strenger in de leer zijn dan de ander. Hoewel ik me niet aan de indruk kan onttrekken dat voor de mannen de regels soepeler zijn dan voor de vrouwen.

Nog een laatste stop bij een natuurlijke bron, waar fris drinkwater als het ware uit de rotsen komt. Niet geschikt voor de mens, maar uitstekend voor de kamelen die hier graag hun dorst komen lessen. Kamelen lopen rond en geven alleen al door hun aanwezigheid extra sjeu aan de Wadi Rum woestijn.

Precies vierentwintig uur nadat Khaled ons welkom heette in de woestijn worden we door hem afgezet bij de grote parkeerplaats, waar nieuwe gasten alweer op hem staan te wachten. Onze auto staat pal in de zon; we gaan eerst maar iets drinken, voordat we verder reizen naar Aqaba.

De hitte in de woestijn verschrompelt bij de verschroeiende hitte in Aqaba; niets heeft ons hier op voorbereid. De lucht lijkt stoffig en wordt met de kracht van een föhn in ons gezicht geblazen als we uit de auto stappen. Het is druk in de stad; het is vrijdag en veel inwoners van de stad begeven zich in de straten, op het strand of in de zee. Verbijsterd kijk ik naar de moslimvrouwen die helemaal gekleed de Rode Zee in lopen. Hoofddoek op, lange jassen aan en dan nog alle kleren die daar weer onder zitten. Wat moet dat jeuken en plakken als je het zoute water weer uitkomt. De mannen hebben hier geen last van en stappen in moderne zwembroeken de zee in en laten zo zonder schroom rommelige tatoeages zien.

Dikke mannen tonen hun blote, dikke, harige buiken, terwijl veel vrouwen zeer zwaar gesluierd zijn en zelfs nog handschoenen aan hebben. Een hoofddoek bedekt hier werkelijk elk haartje; niks geen nonchalant omgeslagen doek om het hoofd. Wat is eigen keus en wat is opgelegd door tradities, geloof en familie? Desondanks maken de vrouwen op mij geen onderdrukte indruk.

Een grote man zit te prutsen met een grote handdoek en een natte zwembroek, zo maar midden op het pad. Altijd een lastige combinatie. Hij slaagt er maar ten dele in om dit discreet te doen en zo zie ik meer dan ik had willen zien. Enkele moslimvrouwen dragen geschikte zwemkleding: een lange broek, een shirt met lange mouwen, waar een soort van capuchon aan is bevestigd. Het geloof bepaalt hier je identiteit, maar zegt volgens mij niets over wie je werkelijk bent.

Veel vrouwen hebben een goede opleiding genoten, maar zo gauw ze zijn getrouwd stopt bijna elke vrouw met haar werk. Ook hier gaan inmiddels meer vrouwen dan mannen naar de universiteit. Daarin verschillen ze niet van ons. Goed opgeleide vrouwen zijn later ook eerder bereid om hun kinderen een goede opleiding te geven. Gelukkig kijken de meeste vrouwen lekker zelfverzekerd rond, kletsen met iedereen, lopen vaak hand in hand met hun geliefde en hebben geen idee van mijn gedachten en mijmeringen; misschien maar beter ook.

Aqaba is de enige havenstad die dit land rijk is. Er wonen ruim 130.000 mensen, die allemaal op het strand zitten, door de stad rijden en erg veel zoetigheden kopen. Arabisch gebak is zoet en erg lekker, zoals we zelf al een paar keer hebben kunnen ervaren. Ondanks de hitte blijft het ook na een paar dagen nog lekker om te eten. Mensen gaan vandaag met tassen vol lekkers de winkels uit, en dekens. Dekens, allemachtig wat verkopen ze hier een dikke dekens! De ene winkel na de andere heeft plastic tassen vol bont gekleurde dekens in de verkoop. Alleen de aanblik van al die nylonachtige dekens maakt mij nog warmer dan ik al ben

Met meer geluk dan wijsheid vinden we een prima kamer in het Nairouleh Hotel, waar we vanuit de koele airco-kamer een weids uitzicht hebben op de haven van de stad, de grote moderne hotels en het diepblauwe zeewater van de Rode Zee waar niks roods aan is of het moeten de rode parasols zijn die ik zie staan. Aan de overkant zie ik de lichten van Eilat, een grote toeristenplaats in Israël en helemaal links moet Egypte liggen. De Rode Zee scheidt deze landen van en elkaar en verbindt ze. Weer vijfentwintig kilometer verder ligt Saoedi-Arabië. Grote zee-containerschepen liggen voor anker en op gele water-fietsen trappen giechelende moslimmeisjes een eindje het water op. Plastic zwemringen liggen kleurig uitgestald en tot plezier van veel kinderen kopen of huren hun ouders een band. Op kleden in het zand of op de stenen zitten de moeders in het midden. Pa en de kinderen en een hele vracht aan eten en drinken omringt de vrouwen. Terwijl iedereen lekker zwemt en speelt in het water, belt moeder uitgebreid met haar vriendinnen.

Er zijn volop gelegenheden om lekker te gaan eten en we zoeken een willekeurige plek op. Een oudere man loopt met een soort tank, gevuld met frisdrank, op zijn rug tussen de stoelen en de tafels. Mensen die hier zitten te eten, kopen bij hem hun drankje. Het is te warm om veel te eten. Jan bestelt nog maar een extra citroendrankje. De ravage op sommige tafels is na afloop enorm, iets wat volgens mij alleen ons opvalt.

Wanneer de zon verdwijnt en de maan tevoorschijn komt, wordt het iets minder warm, maar met bijna veertig graden is het nog steeds bloedjeheet!

Wij huren een uurtje een glasbodemboot en turen aandachtig door het raam naar de bodem van de zee, waar vreemde vissen rondzwemmen, zeeslangen als dikke komkommers op de bodem liggen en onbekende levende wezens door het water zweven. Beschadigd koraal, waar vaak grote paarse, sponsachtige kluwens aan vastgehaakt zijn. Zal ook wel een of andere plant zijn. Plastic tassen, lege blikjes, een oude spijkerbroek, metalen stangen en ander afval heeft zich vermengd met het leven in zee. Op het water zijn verkoelt heerlijk en het is leuk kijken hoewel niet zo spectaculair als we hadden verwacht. De schipper is een stoere jongeman, die rookt, praat, de muziek telkens weer harder zet en elke vraag van onze kant met een niet passend antwoord beantwoordt. We knikken veel naar hem; knikken is neutraal en kan geen kwaad. Halverwege houdt de motor er mee op, de kap gaat er af, er wordt een bougie uitgedraaid, er worden enkele handelingen verricht en we kunnen weer verder. Een complete tank ligt al tientallen jaren op de bodem en is overwoekerd met zeewier en andere, groenige planten. Vissen zwemmen geroutineerd door het wrak. Heel bijzonder. Grote, luxe hotels staan prominent aan de kust en herbergen veel gasten met veel geld. Aqaba is een stad vol tegenstellingen: het mondaine van een luxe badplaats tegenover het traditionele, behoudende Jordanië. Op de een of andere manier lijken het twee parallelle werelden die naast elkaar kunnen bestaan. De duurste en dikste auto's die er zijn rijden hier rond, waarvan een kanariegele Hummer wel het toppunt van decadentie is. Kamelen scharrelen in de berm hun kostje bij elkaar en paardenkoetsjes kletteren voorbij. Winkels verkopen sobere, allesbedekkende, lange vrouwenjassen, vrolijke sjaals en complete gelaatsbedekkingen. Supersexy ondergoed ligt open en bloot in de etalages en verleidelijke etalage-poppen zijn gekleed in doorschijnende negligés. Al deze kleding wordt uitsluitend door mannen verkocht. Dat mag dan weer wel. Sommige vrouwen zijn erg mooi op-gemaakt en alle vrouwen hebben hun wenkbrauwen in sierlijke boogjes geëpileerd. Een zeer orthodox echtpaar loopt de straat op en neer. De man in het wit met een lange, zwarte baard; zijn vrouw is helemaal in het zwart, zelfs haar ogen zijn niet zichtbaar. Ze kijkt door een soort van venstertje. Het is een wonder, of heel veel ervaring, dat ze zonder te vallen het eind van de straat haalt. Aqaba is een verwarrende stad.

We pakken de auto en rijden de stad uit richting Saoedi-Arabië, waar een groot publiek strand moet zijn en dé plek om te gaan snorkelen. Het snorkelen heb ik nooit goed onder de knie kunnen krijgen. Terwijl Jan snorkelt, ga ik op het overdekte terras zitten, waar een briesje voor een aangename verkoeling zorgt. Ik lees mijn mooie boek *Land van Sterren* van de Ierse Annie Caulfield uit. Een waargebeurd liefdesverhaal doorspekt met mooie achtergrondinformatie over Jordanië en zijn bewoners.
Jan is over dit water bij het Aqaba Marine Park erg en-thousiast en we besluiten om nog een klein tochtje met de glasbodemboot te maken op een plek waar geen afval ligt en goudkleurige goudvissen het water doenoplichten. Een vrouw zit aan de kant van de zee en gooit het over-gebleven brood als frisbees de zee in. Dit heeft ze dui-delijk eerder gedaan.

De Al-Sharif Al-Hussein bin Ali Moskee is bijzonder sfeervol verlicht. Het witte gebouw heeft een verfijnde uitstraling, zoals we vanuit onze hotelkamer kunnen zien. De moskee is gebouwd in 1975 toen de zo populaire koning Hussein aan de macht was. De architectuur is een wonderschone mix van Arabische en islamitische kunst. In 2011 is het hele gebouw gerenoveerd.

'Jullie mogen wel naar binnen,' nodigt de poortwachter ons uit, als hij ons foto's ziet maken.

Voor een gepaste vergoeding wil hij ons graag rond-leiden. De McDonald's heeft een grotere aantrekkings-kracht op ons. Bij de McDonald's smullen we van foute, zoute patatjes, gratis en snel internet en lekkere airco. Er zitten veel Jordaanse gezinnen. Maar ook alleen vrouwen met elkaar en jonge meiden die gezellig samen uit zijn. Mijn buurvrouw pakt alles wat haar kinderen hebben laten liggen zorgvuldig in het doosje en neemt het mee naar huis. Wanneer we naar buiten lopen, komen we Boaz en Bianca weer tegen. Ook zij zijn vermoeid door de knetterhete warmte in de stad.

Voor onze begrippen gaan kinderen hier erg laat naar bed. In het donker flaneren nog hele gezinnen door de straten of maken een ritje in een paardenkoetsje. De meeste gezinnen bestaan hier uit een papa, een mama en twee kinderen en gaan vaak erg leuk met elkaar om. Ook al mag een moslimman volgens de Koran vier vrouwen hebben, toch hebben de meeste mannen één vrouw. Vier vrouwen die men gelijk moet behandelen dat valt natuur-lijk niet mee. Zoals Patricia ons vertelde, worden de meeste huwelijken uit liefde gesloten en kiezen de man-nen voor één vrouw.

Vrachtwagens en waterbuffels

Het is een lange, eenzame weg die van Aqaba naar Al-Azraq gaat. Nooit eerder in mijn leven haalde ik zoveel vrachtwagens in als op deze weg, waar amper personen-auto's rijden. Op de verkeersborden staan landen aange-geven waar ik helemaal niet naartoe durf: Irak en Saoedi-Arabië. Regelmatig worden we door dit soort borden weer op het feit gewezen dat we in het altijd onrustige Midden-Oosten zijn, waar Jordanië een gastvrije oase van rust is. Het land is er dan ook alles aan gelegen om een vrij en stabiel land te blijven. Het schijnt dat hun inlichtingendienst van een zeer hoog niveau is en alles ziet zonder zelf gezien te worden.

De omgeving is weer van een intense, grootse eenzaam-heid van stenen, waar aan de randen van het asfalt kleine plukken gras en slordige bosjes groen hun best doen om nog voor wat kleur te zorgen. Een kamelenhoeder loopt rustig achter zijn vier kamelen aan en maakt mijn Mid-den-Oostenbeeld compleet. Bedoeïenen-tenten staan als bruine klodders in het stenige landschap. In Al-Jafr draai ik de auto van de weg en donder weer te hard over die ge-niepige verkeersdrempels. Ze houden de reiziger en vooral de chauffeur wel bij de les. Voor vijftig cent ko-pen we drie liter drinkwater. We laten de tank vol-gooien en gaan verder. De weg en de bermen zijn bezaaid met kapotgereden autobanden en verkeersborden waar-schuwen voor overstekende kamelen; alle kamelen die we tot nu toe gezien hebben gaven niet de indruk van plan te zijn om de weg over te steken.

Kamelen zijn een rijk bezit; een beetje kameel kost al snel drieduizend dinar. De kamelen, die met name in Saoedi-Arabië voor wedstrijden worden gebruikt kosten tonnen; de prijzen zijn dan te vergelijken met de prijzen die bij ons voor de allerbeste renpaarden worden betaald.

Een kaalgevreten en door de zon gebleekt kamelenskelet is het bewijs van een fatale ontmoeting tussen een drieste kameel en een vrachtwagen die niet meer op tijd kon stoppen. Het zijn trouwens overwegend tankauto's die ik passeer; af en toe zit er een grote vrachtwagen tussen. Sommige vrachtwagens zijn zwaar beladen met brokken steen zo groot als een olifant; Jan maakt er snel een paar foto's van.

Na ruim vierhonderd kilometer gereden te hebben, rijden we Al-Azraq binnen; een lange streep van wegrestaurants en winkels. Vervelende kinderen gaan niet opzij als wij er aan komen rijden en blijven midden op de weg staan. Een jongen maakt het helemaal bont en doet net alsof ik hem met de auto aanrijd. Hij maakt er een hele show van en heeft dit duidelijk vaker gedaan. Zijn vriendjes kijken met een mengeling van trots, jaloezie en angst naar hem. Ik rijd rustig door.

'Rotjochies,' mompelen we tegen elkaar.

Dit vind ik geen leuke dingen; de grap zal maar verkeerd uitpakken.

Het hotel van onze keuze lijkt op het eerste oog niets, is ook niets, kost een vermogen en heeft nors kijkend personeel: wegwezen. We hebben meer geluk bij het Zoubi Hotel waar we voor zestien dinar een kamer als een balzaal hebben, met een schone badkamer waar we voor het eerst een hurkwc hebben die pal achter de deur is gemaakt. Even opletten wanneer je naar binnen stapt.

'Nee,' schudt de man, toiletpapier en handdoeken heeft ie niet.

Ontbijt? Daar is de man nooit aan begonnen. Maar wel airco en lekker warm water. Ik heb de indruk dat het al een poosje geleden is dat ze gasten hebben gehad. Hier komen niet veel toeristen, hoewel Al-Azraq echt wel een paar dingen heeft die de moeite waard zijn. De befaamde Wetlands en een woestijnkasteel waar een zeer beroemde Engelsman een poosje heeft gewoond.

De Wetlands was ooit een zeer belangrijk, waterrijk gebied, dat door de mensen is leeggepompt en nu wordt het door de mensen weer hersteld. Het eerste is uitstekend gelukt, aan het tweede wordt sinds een paar jaar hard gewerkt. Vreemd om na al het zand en na uren rijden door deze rotsachtige omgeving nu ineens groenig grasland te zien. Omdat wij buitenlanders zijn mogen we het dure entreekaartje betalen.

'We hebben hier ook dertig waterbuffels,' vertelt de baliemedewerker vol trots.

Ik heb de indruk, dat hij ze allemaal persoonlijk kent.

'Misschien hebben jullie wel geluk en zie je er een paar.'

We zijn vandaag de enige bezoekers en zo tegen het eind van de middag verwacht ik niet dat er nog meer mensen op bezoek zullen komen. Het ligt uit de richting en wordt zelden in groepsreizen opgenomen. Het park is klein, wel mooi, maar niet spectaculair. In een bescheiden park als dit zou het veel bijzonderder zijn wanneer we de buffels niet zouden zien dan wel. Direct zien we al de helft van de hele veestapel en tellen al snel vijftien grote dieren. Toch is het de moeite waard om hier even naartoe te gaan, omdat men hier echt iets van wil maken en het entreegeld goed kan gebruiken. Het Visitor Centre is vakkundig ingericht, de bewegwijzering en de uitleg kloppen en we lopen het rondje van ruim een kilometer.

Al was het alleen maar om de vriendelijke man bij de receptie een plezier te doen.

Het andere park, waar men met een fokprogramma voor oryxen (spiesbokken) bezig is, is al vijf jaar gesloten en het duurt nog minimaal een jaar voordat dat park weer opengaat. Jammer, die hadden we heel graag willen zien.

Een paar kilometer verder ligt één van de bekendste woestijnkastelen van dit land: Quasr Al-Azraq. De allerbekendste Arabier, die helemaal geen Arabier was, Lawrence of Arabia, bouwde hier in de winter van 1917-1918 zijn tentenkamp om zich voor te bereiden op zijn revolutie tegen de Duitsgezinde Turken.

De omgeving levert veel graniet en dat vertaalt zich in de stenen waarmee het kasteel is gebouwd. Waarom we het hele kasteel de eerste keer hebben gemist, snap ik niet. Wie mist er nu een kasteel midden in de stad, maar ziet wel de kleine schotelantenne naast de bedoeïenentent? Jan draait de auto en dan zien we al snel het kasteel. Voor een ruïne ziet het er nog heel behoorlijk uit. Een klein souvenirwinkeltje bij de ingang maakt ons duidelijk dat we hier toch met een heuse toeristische attractie van te doen hebben. Er hangen heel wat kefiyah's en ik zoek er eentje uit. Niet dat Jan nu ooit zo'n hoofddoek zal dragen, maar het is een leuk souvenir. De man geeft mij een ansichtkaart van dit kasteel.

'Die is voor jou,' lacht hij hartelijk.

Soms is genoeg gewoon genoeg en we besluiten om het kasteel verder niet te bezoeken; we maken een paar foto's van de buitenkant en rijden terug naar het hotel, parkeren de auto en lopen het kleine stadje in.

Dit dorp is echt een pleisterplaats voor passerende vrachtwagenchauffeurs. We zoeken een willekeurig restaurantje uit, keuze genoeg, en gaan zitten. Een man spuit uit een fles wat water op onze tafel, pakt vervolgens een groot stuk, roze plastic en drapeert dat als een kleedje op tafel. Door de zuigende werking van het water plakt het kleedje zich netjes vast en hebben wij een schone tafel. Soms kan het zo simpel zijn. De ober brengt ons twee grote borden, waarop enorme, ronde, platte, dunne broden liggen en waar tussen het verse brood de stokjes met *kebab* liggen. Zoals altijd een frisse komkommertomatensalade erbij.

'U mag wel weer één bord meenemen, dit is veel te veel,' weten we de man duidelijk te maken.

Ook hadden we maar één portie besteld.

'Dit vlees was vanmorgen nog een schaap en nu is het kebab,' zegt de ober ons in gebrekkig Engels.

Fijn, denk ik en kijk naar de kleine brokjes vlees, waar niets meer herinnert aan een schaap. Gelukkig maar.

'Ik kom uit Syrië, waar al mijn familie nog woont.'

Zijn bril staat, ondanks het ontbrekende linkerpootje, stevig op zijn neus.

'Heb je nog wel contact met je familie?' vragen wij.

'Gelukkig wel, ik bel, en ik heb via Facebook, Twitter en e-mail contact,' legt hij uit.

Klinkt zo raar, er is een binnenlandse strijd aan de gang in Syrië, maar het internet werkt gewoon.

Vrachtwagens rijden non stop voorbij, waarbij het grote aantal nieuwe super-de-luxe-auto's erg opvalt. Terwijl wij lekker eten en drinken gaat er voor miljoenen euro's aan auto's voorbij. Waarschijnlijk allemaal bestemd voor Irak en Saoedi-Arabië. Ook de auto's die hier rondrijden zijn zonder uitzondering groot, nieuw en erg duur. Misschien is hier wel een grote illegale autohandel aan de gang, zo dicht bij deze grenzen, fantaseer ik, niet gehinderd door enige kennis.

Waren in Aqaba veel winkels gevuld met dikke dekens, hier zijn het de knuffelbeesten die opvallen. Smoezelige en grauwe knuffels hangen als vergeten kerstslingers aan bijna elke winkel. Het zou een misdaad zijn om een kind zo'n vies stuk speelgoed te geven.

We hebben de ruimte in onze balzaal met twee bedden, drie grote spiegels, maar geen extra lakens. Die heeft de eigenaar niet op voorraad. Hij heeft zijn geld duidelijk aan andere dingen besteed. De grote stapels dekens die op het bed liggen leg ik op de grond, pak mijn lange rok en een groot badlaken dat we als laken gaan gebruiken.

Kasteelheer

'Hier heb je de sleutel, dan kun je zelf het kasteel open doen,' zegt de politieagent en duwt Jan de sleutel van Qusayr Amra in de handen.

Het is ook nog erg vroeg, wanneer we ons melden bij dit juweel van een kasteel. Het dagpersoneel is er nog niet en de man heeft er geen zin in om het hele eind naar het kasteel te lopen, iets wat hij ongetwijfeld al heel vaak heeft gedaan. Nou, wij hebben er wel zin in en ik loop op gepaste afstand achter mijn kasteelheer aan, die met de nodige flair zijn kasteel voor mij opendoet.

Dit kasteel is echt een schoonheid met zijn bolvormige koepels en zachte zandkleuren. Totaal onvoorbereid stappen we het gebouw binnen en zijn diep onder de indruk van de bloedmooie fresco's. Helemaal terecht dat UNESCO dit gebouw op de werelderfgoedlijst heeft gezet. De meningen zijn verdeeld; wat is dit gebouw ooit precies geweest? Men neigt naar een herberg, een *khan*. Mocht dit waar zijn dan is dit kasteel de eerste islamitische herberg in de wereld. De fresco's zijn lekker pikant en gewaagd voor die tijd. De islam staat immers geen afbeeldingen toe. De blote vrouw met de stevige, ronde billen laat helemaal niets aan de verbeelding over en staat er na eeuwen nog steeds gekleurd op. Het gebouw wordt niet voor niets een hoogtepunt in de Oostelijke Woestijn genoemd. Qusayr (klein kasteel) had ook een eigen badhuis met een put, die maar liefst vijfentwintig meter diep is. We gluren voorzichtig over de rand en kunnen de bodem van de put niet zien.

Ik vind deze fresco's wel bij een herberg passen; ze zijn uitdagend met veel wijn, veel vrouwen en veel lol. Op dit moment worden de fresco's zorgvuldig gerestaureerd door Italiaanse vakmensen. In Italië weten ze wel waar een goede fresco aan moet voldoen. Het ziet er allemaal veelbelovend uit.

Ooit hebben hier pistachebomen gestaan en was er voldoende water om de stoffige reiziger van genoeg badwater te voorzien. Wat bijzonder om zoveel moois in dit eindeloze niets te zien. Na onze rondleiding sluit Jan zorgvuldig zijn kasteel af, levert de sleutel weer in bij het inmiddels gearriveerde dagpersoneel en betalen we het entreegeld. Ook al ben je kasteelheer, er moet wel door iedereen betaald worden. Kastelen zijn duur in het onderhoud en men kan nu eenmaal geen onderscheid maken…

We gaan verder naar ons laatste woestijnkasteel: Qasr Al-Harrane, dat best wel mooi is, maar volledig in het niet valt bij Jan zijn kasteel. Het kasteel lijkt meer op een fort dan een kasteel. We zijn net voor de dagjesmensen aan en lopen door het kasteel met dikke muren en stevige trappen. Het lijkt nog het meest op een grote, vierkante doos met fraaie, ronde hoeken. Een mooie plek om even een kop koffie te drinken en een vaak gesmolten stroopwafel te eten.

De weg naar Madaba is prima en wanneer we er aan komen rijden, zien we de hele stad liggen en krijgen zo een heel andere blik op de stad dan vorige week. Aan de randen van de stad hebben bedoeïenen hun tenten opgeslagen en de kamelen ontbreken hier ook niet. Een typisch beeld voor dit land: steden, bedoeïenen en kamelen; het gaat allemaal samen. Wanneer de stad uit-dijt zullen de bedoeïenen hun bezittingen weer inpakken, op hun kamelen laden en op zoek gaan naar een andere plek. Ik vind het een mooi beeld, de moderne stad en de traditionele bedoeïenen. Alleen de rommel; plastic zakken dwarrelen rond, belanden als vanzelf in het prikkeldraad en ontsieren het landschap. Het heeft totaal geen zin om me hier aan te ergeren.

Voordat we morgen doorreizen naar Amman willen we nog een nacht in Madaba blijven. Er heerst een aangename sfeer en er is hier nog het een en ander te zien. In het mooie en populaire Mariam Hotel is nog plek genoeg en krijgen we een leuke kamer op de derde verdieping.

'Vanaf oktober gelden de hoogseizoenprijzen. De kamer kost nu vijf dinar meer,' legt de goedlachse receptioniste uit.

'Geen probleem hoor,' zeg ik en vind het nog steeds een goedkope kamer.

Ik ben verbaasd dat dit hotel onder de noemer budget-hotels valt. Het ziet er beslist beter uit dan de doorsnee budgethotels. We pakken onze zwemspullen en gaan op weg naar de Dode Zee; 's werelds laagst gelegen plek, waar het water stijf staat van het zout en het onmogelijk is om te verdrinken. Voor Jan, als ex-manager van het zwembad in onze woonplaats, natuurlijk een plek die hij moet zien. Als kasteelvrouw volg ik mijn man. Trouwens, wie wil er nu niet even in het water van de Dode Zee dobberen?

De Dode Zee is een onderdeel van de Jordaanse Rift Valley, 408 meter beneden zeeniveau en bijna vierhonderd meter diep. Bij zo'n diepte is het feit dat we hier niet kunt verdrinken een geruststellende gedachte. De naam klopt eigenlijk niet, het is geen zee maar een meer; er komt wel water in maar er stroomt niets meer uit. De Dode Zee is drie miljoen jaar oud en dat vind ik dan weer zo'n extreem getal, waar ik me helemaal niets bij kan voorstellen. Zoals tot nu toe overal in dit land is rit er naartoe weer van een verlaten, eenzame schoonheid. De weg is kronkelig, zonder vangrail. Bedoeïenen en kamelen sieren het landschap en vormen een scherp contrast met de luxe resorts en appartementen. Mensen met bepaalde huidziektes schijnen veel baat te hebben bij het zoute water. Er is een openbaar strand waar de dagjesmensen zoals wij terecht kunnen. Ook hier weer een forse entree maar dan heb je ook wat. Mooie zwembaden, kleedruimtes met douches en een niet al te schoon strand bij de Dode Zee.

Ik loop het water in dat stroperig aanvoelt en drijf binnen een paar seconden op mijn rug. Goed uitkijken dat je geen zout water in je ogen krijgt. Ook kleine wondjes of een schaafplekje zijn nu niet prettig. Ik heb nergens last van en laat me even heerlijk zweven. Wat een wonderlijk gevoel; wanneer je je even iets wilt draaien word je als het ware omgeflipt. Een tiental mensen ligt te drijven in het water en laat zich graag door hun reisgezelschap fotograferen, de meesten liggen op de rug en lezen in een reisgids van Jordanië; wij vormen hier geen uitzondering op. Een bijzondere ervaring, die ik na een poosje wel heb gezien; het is echt iets wat je een keer gedaan moet hebben als je in dit land rondreist. Een enkeling smeert zich van top tot teen in met de zwarte Dode Zee modder om vervolgens zo het water in te stappen. Het schijnt zeer gezond voor je huid te zijn; mij lijkt het vooral veel gedoe. Het water voelt erg olieachtig aan en laat als het ware een beschermlaagje op je huid achter. Normaal verkoelt de wind een nat lichaam, maar daar voel ik nu niets van als ik naar de douche loop. Na het douchen verfrist de wind mijn natte lichaam…

In het gezellige centrum rondom de Grieks-Orthodoxe kerk en het Visitor Centre is het leuk slenteren. We kopen tandpasta, water en koekjes en Jan laat zijn zonnebril repareren.

'Nee, nee, welkom in Jordanië. Dit is een gratis service,' lacht de man vriendelijk als hij Jan zijn bril teruggeeft.

Het is tijd voor pizza. Overal ter wereld is pizza te koop is onze ervaring en we genieten ervan; Jordanië is hier geen uitzondering op. De man is duidelijk blij met de klandizie en zet direct de airco aan en de televisie zachter. Vrouwen lopen binnen om de bestelde pizza's op te halen.

Het Mariam Hotel is een bijzonder aangename plek. Goedlachs en behulpzaam personeel, gratis Wi-Fi en veel gasten. Naast het hotel staat een auto met een Nederlands kenteken. Wie zou dat zijn? Het is de eerste keer dat we overlanders zien. Later maak ik bij het grote zwembad kennis met Hans, die zijn hart heeft verpand aan het Midden-Oosten en aan woestijnen in het bijzonder.

'Ik heb niets met bomen, bossen en groen, geef mij maar woestijnen,' zegt hij.

Ik ben het helemaal met hem eens. Natuurlijk zijn bossen mooi, maar als het regent… daar word ik altijd wat somber van.

Iemand heeft mijn gedachten gelezen: het begint te regenen. We zoeken onze kamer op, zetten alle ramen en de deur open en laten de verkoelende wind heerlijk door de kamer waaien.

*E*en bijbels landschap

Mount Nebo, oftewel de berg Nebo, is een zeer beroemde plek, waar in een ver verleden Mozes een blik kon werpen op het Beloofde Land; het land waar hij zelf niet zou komen na zijn lange reis door de woestijn. Volgens de overlevering is Mozes op 120 jarige leeftijd gestorven en ergens in dit gebied begraven. Waar? Dat weet niemand en dat is misschien maar goed ook. Het Beloofde Land ligt op ongeveer tien kilometer afstand van Madaba. Veel religieuze toeristen op reis door het Heilige Land, allemaal duidelijk te herkennen aan een label of polsbandje, lopen tegelijk met ons naar de plek, waar we een majestueus uitzicht zullen hebben op Gallilea, Juda, Jericho en de Negev woestijn: het Beloofde Land. Namen en plekken uit de Bijbel. Ik hoop wel dat Mozes een beter uitzicht heeft gehad dan wij. Het is bewolkt en met moeite lukt het de zon om er af en toe een zonnestraal doorheen te persen. Het uitzicht is dan van een wereldse verlatenheid. Mensen pakken de Bijbel en citeren of lezen zachtjes de desbetreffende passage uit Deuteronomium. Een Grieks-Orthodoxe priester leest samen met een groep toeristen uit India uit de Bijbel. Mensen zijn geëmotioneerd en duidelijk onder de indruk dat ze voor hen op een zo bijzondere plek staan. Het geeft wel een bepaald sfeertje. Ongewild raak ik onder de indruk van het feit dat deze mensen zo zichtbaar geraakt zijn.

De combinatie Jordanië met Israël wordt dan ook door veel mensen gedaan, die erg veel interesse hebben in religies of zelf een geloof aanhangen. In 2000 heeft zelfs de Paus hier een bezoek gebracht.

Er staat op de berg een wat vreemd uitziend monument; een slang is om een kruis geslingerd. Hier heeft Mozes dus gestaan en naar het Beloofde Land gekeken. De geschiedenis, die meer dan vierduizend jaar teruggaat, leeft hier nog volop en is bijna tastbaar. Vier eeuwen na Christus kwamen er monniken uit Egypte, die hier een klooster hebben gebouwd. Ook hier wordt volop gewerkt om alles zo goed mogelijk te restaureren. De mozaïeken die men hier heeft blootgelegd zijn weer echte juweeltjes en zien er zo gaaf uit. In het museum is alles zorgvuldig uitgestald en koop ik een aantal ansichtkaarten.

Nieuwsgierig lopen we naar een enorm grote, ronde steen: de Rolling Stone. Ooit werd deze ronde steen, met een doorsnee van ruim twee meter, gebruikt om de ingang af te sluiten om zo ongewenste vreemdelingen te weren.

Na een koffiestop in het lege land rijden we terug naar Amman. Ons rondje Jordanië zit er bijna op. Aan de kant van de weg wordt volop fruit verkocht. De aantallen zijn weer enorm en de keuze is niet moeilijk: druiven of granaatappels.

'Kijk daar eens,' roep ik enthousiast naar Jan, 'een hele grote Harley Davidson motorzaak,' en wijs naar de linkerkant van de weg, waar een zo te zien spiksplinternieuwe winkel staat.

We zijn duidelijk in de motorenbuurt aangekomen, want ineens zien we meer motorzaken. Als er iets is waar Jan zijn bloed sneller van gaat stromen… Zo gauw het kan draait Jan de auto en tien minuten later staan we voor een prachtig ingerichte Harley-zaak, waar we gastvrij door de Franse eigenaar worden begroet.

'Ik woon al heel lang in dit land. Ik ben tien jaar kok geweest voor de koning, maar het bloed kruipt waar het niet gaan kan. Ik heb mijn hele leven motor gereden, ik heb zelfs geen rijbewijs voor een auto. Motorrijden zit in mijn bloed en samen met mijn compagnon ben ik twee jaar geleden deze zaak begonnen,' legt hij vol passie uit.

Jan knikt begrijpend.

'Wij zijn de enige Harley-zaak in Jordanië. Wisten jullie dat er vijfentwintig vrouwelijke motorrijders in dit land zijn?'

Nee, dat wisten wij niet. We hebben niet veel motorrijders gezien in dit land en al helemaal geen vrouwelijke rijders.

De man leidt ons enthousiast rond, trakteert ons op een lekker glas koffie en stelt ons aan zijn medewerkers voor.

'Is de koning een aardige man?' wil ik graag weten.

Ik weet dat het koningshuis ongekend populair is, maar ik heb geen idee of het leuke mensen zijn. We zijn zijn portret overal en dan bedoel ik ook echt overal tegengekomen. Vaak afgebeeld met zijn mooie vrouw en vier kinderen. Ook regelmatig foto's van de huidige koning met zijn vader en zijn zoon, de beoogde troonopvolger.

'Ja, absoluut. Het is een bijzonder aardige familie en ze zijn zeer geliefd,' klinkt het zeer beslist. 'Ze zijn populair bij elke bevolkingsgroep, ongeacht geloof of afkomst. Door de koninklijke familie is Jordanië het meest stabiele land in dit deel van de wereld,' besluit hij zijn verhaal.

Ik denk dat de man helemaal gelijk heeft; meer mensen hebben ons dat verzekerd.

'Wij verkopen zes, soms zeven nieuwe motoren per jaar aan motorrijders in Jordanië. Er gaan er veel meer naar de omringende landen, soms wel vijftien nieuwe motoren in een jaar,' legt hij uit.

Nieuwe motoren, oude motoren, exotische motoren, speciaal ontworpen motoren, leren jassen, T-shirts, handschoenen, glanzende helmen en kleine, roze jurkjes voor kleine Harley-meisjes. Alles ziet er spic en span uit. Jan zoekt een mooi roestbruin T-shirt uit waar in grote letters *Harley Davidson, Amman, Jordanië* op staat, een originele pet erbij en twee veel te dure poetsdoekjes en ik heb een zeer tevreden man naast mij zitten als we verder de stad inrijden.

We moeten de auto om twee uur inleveren en we willen nog graag naar de Citadel met de uiterst moeilijk uit te spreken naam: Jebel al-Qalaa. Echt Arabische woorden zijn voor westerse monden bijna niet uit te spreken.

Grote zuilen torenen hoog de hemel in en trekken al van verre de aandacht naar zich toe. Van hieruit hebben we een groots uitzicht op het Romeins Theater, waar we onze reis zijn begonnen. In Jordanië struikel je letterlijk en figuurlijk over de geschiedenis en de brokstukken ervan. Ik hoef niet elk detail te weten om de schoonheid te kunnen waarderen. Het paleis is gerestaureerd en was ooit het huis van de gouverneur van Amman. Aardig optrekje, op een zeer strategische plek gebouwd. Vroeger wist men ook wel wat mooi, maar vooral wat imponerend was.

Precies om kwart voor twee parkeert Jan de auto op de parkeerplaats schuin tegenover het Jordan Tower Hotel, waar dezelfde man nog steeds achter de balie zit en ons als bekenden begroet. Altijd weer een hele opluchting wanneer de auto weer in dezelfde staat ingeleverd kan worden als wij hem hebben meegekregen. We hebben 1.938 kilometer afgelegd.

Op dinsdag is er heel wat meer bedrijvigheid in de stad dan op een vrijdag, wanneer alles in het teken staat van het moskeebezoek en veel winkels gesloten zijn.

In de *Lonely Planet* staat een leuke stadswandeling beschreven en na het ontbijt lopen we de stad in en komen als vanzelf terecht bij het bekende Hashem Restaurant, waar mensen zitten te ontbijten. We bestellen een glas muntthee en kijken naar alle mensen die voorbij lopen. Het is een populaire plek; zowel voor de eigen bevolking als voor de toerist.

'Ga hier maar zitten,' nodigen we enkele mensen uit die op zoek zijn naar een plekje. 'We hebben nog volop plaats.'

Ook hier eten mensen veel *hummus*; een soort puree van kikkererwten waar ook wat olijfolie overheen gegoten is. Je kunt het op je brood doen of als een dipsaus gebruiken. Alleen de bruinige kleur oogt niet echt aantrekkelijk terwijl het wel lekker smaakt.

We lopen relaxed rond, worden overal hartelijk begroet, toegeknikt en uitgenodigd om binnen te komen om alle koopwaar te bewonderen. Misschien kopen we dan wel iets. Bij de bakker stappen we naar binnen.

'Mogen we even binnen komen om te kijken?' vraag ik.

'Natuurlijk, kom verder,' zegt de grote man.

Zo'n bakker hebben we nog nooit eerder gezien. In een soort van cementmolen brandt een fel vuur. Een man maakt van grote bollen deeg platte koeken ter grootte van een fietswiel. Hij geeft het vervolgens aan zijn collega die het geroutineerd tegen de hete binnenkant van de broodmolen gooit om het er een paar tellen later als een knapperig, plat brood weer uit te halen.

'Ik wil graag zo'n brood van u kopen,' zeg ik en pak geld.

'Nee hoor, die krijg je van mij,' zegt de oudere man die duidelijk de baas is en geeft mij een plastic tas waar een enorm brood inzit.

'Welkom in Jordanië,' lacht hij hartelijk.

We bedanken iedereen vriendelijk, lopen weer verder en snoepen van het kakelverse brood dat in een mum van tijd keihard is. Niet gehinderd door enige schroom lopen we zelfverzekerd met een tas vol brood het luxe Jordan Inter Continal Hotel binnen. Het hotel mag dan ver boven ons budget liggen, een prima cappuccino moet lukken. Voor zo'n prijs eten we ook schaamteloos alle koekjes op.

Amman is een moderne stad en heeft ook moderne winkels. In de grote Tash Mall beginnen we met een beker koffie bij Starbucks. Wanneer je eenmaal binnen bent in zo'n groot, overdekt winkelcentrum heb je geen idee meer in welk land je nu precies bent. Alleen de gesluierde vrouwen verraden dat we ergens in een islamitisch land zijn.

We zien allemaal bekende winkels: H&M mode, een supermarkt, Burger King, een winkel die schitterende voorwerpen uit Afrika verkoopt en een filiaal van Pieces die ook een filiaal in onze woonplaats heeft. De nieuwste mode hangt in de etalages en modern geklede meiden en jongens wachten op de klanten met veel geld. Veel westerse mensen die in Amman wonen en werken doen hier hun inkopen en ontmoeten elkaar. Twee traditioneel geklede, grote Arabieren zitten op een terras en kijken op hun supermoderne mobiel naar de laatste nieuwtjes. De contrasten zijn weer erg groot. Roltrappen brengen ons waar we naartoe willen; we lopen met plezier rond: dit is natuurlijk ook Jordanië.

De grootste moskee van Jordanië staat in Amman en men heeft zeven jaar nodig gehad om dit gebouw te bouwen; maar dan heb je ook wat: de King Abdullah Moskee.

Waarschijnlijk spreken we de naam niet goed uit, want de taxichauffeur heeft geen idee wat we bedoelen en rijdt eerst een beetje doelloos rond door de duurdere wijken, waar alle grote ambassades staan. De Amerikaanse ambassade is de grootste; twee legertanks staan bemand bij de ingang en dan is Jordanië notabene een bevriende natie. Amerika is niet het meest populaire land in dit deel van de wereld.

Uiteindelijk lukt het de man om de moskee te vinden en vindt dat hij wel een fooi heeft verdiend. Jammer voor hem vinden wij dat niet en ik betaal gewoon het bedrag dat op zijn meter staat.

Voor niet gelovigen heeft men een aparte ingang gebouwd, die langs souvenirwinkels leidt en de vrouwelijke bezoekers naar een kleedkamer, waar allemaal treurige, lange, zwarte jassen hangen. Onze schoenen zetten we in het schoenenrek.

'Die moet jij aan,' weet een onvriendelijke man mij duidelijk te maken en ik trek een jurk -één maat past iedere vrouw- aan over mijn kleren. Vooruit dan maar.

'De rits moet ook helemaal dicht,' legt hij uit.

Jan mag gewoon met zijn blote armen en driekwart broek naar binnen. Ik weet het wel, ik ga hier uit vrije wil naar binnen en natuurlijk ben ik degene die zich aan moet passen, maar het voelt niet prettig. De grote capuchon doe ik nonchalant over mijn haar.

We lopen de gigagrote ruimte binnen, waar alleen twee mannen op de grond liggen te slapen die geen benul hebben van ons bezoek. De 37 meter hoge koepel is kleurig en smaakvol met mozaïeken gedecoreerd. De naam van Allah is hier maar liefst 99 keer in goud geschreven.

In de met tapijt belegde grote ruimte kunnen zevenduizend gelovigen zitten; buiten in de ruimte om de moskee heen kunnen ook nog eens drieduizend mensen plaatsnemen. In het vrouwendeel is ruimte voor slechts vijfhonderd vrouwen. De koepel heeft een doorsnee van vijfendertig meter. De blauwe kleur moet de lucht voorstellen. Tegenover de moskee zien we twee kerken staan. Dat vind ik wel weer mooi; dat in een overwegend islamitisch land als Jordanië, dit soort verschillende gebouwen gezellig tegen elkaar aanschurken.

Ik zoek mijn schoenen weer op en trek met heel veel plezier het zwarte, vormeloze gewaad uit. Voor mij geen enkel probleem, als westerse vrouw kan ik dragen wat ik wil én vooral wat ik niet wil. Nu al die vrouwen nog die ook zo graag hun eigen kleding willen uitzoeken, maar door traditie, geloof en familie aan allerlei (on)geschreven regels zijn gebonden. Natuurlijk zijn er veel vrouwen die voor honderd procent achter deze regels staan, maar de vrouwen die er anders over denken, gun ik dolgraag de zon op hun huid en de wind door hun haren.

*H*et Midden-Oosten

Regelmatig noem ik het Midden-Oosten; het is geen officieel werelddeel maar een politieke regio met historische banden. Ook op cultureel gebied heeft deze regio veel gemeen, zoals de religie en taal. Na het uiteenvallen van het Ottomaanse Rijk in 1918 werd er voor het eerst gesproken over het Midden-Oosten of Nabije Oosten.

Het Midden-Oosten is geografisch gezien een belangrijk gebied gezien de ligging op drie continenten: Afrika, Azië en Europa. Tevens is het de bakermat van drie grote godsdiensten: het jodendom, de islam en het christendom. De volgende landen worden over het algemeen tot het Midden-Oosten gerekend: Egypte, Jemen, Qatar, Irak, Jordanië, Syrië, Iran, Libanon, Israël en Oman.

Soms rekent men Georgië, Marokko en Tunesië ook tot deze regio.

*D*e Arabische landen

Veel Arabische landen behoren tot het Midden-Oosten. De Arabische wereld is echter veel groter dan het Midden-Oosten. Onderstaande landen worden tot de Arabische landen gerekend:

Algerije, Bahrein, Comoren, Egypte, Djibouti, Irak, Jemen, Jordanië, Koeweit, Libanon, Libië, Marokko, Mauritanië, Oman, de Palestijnse gebieden, Quatar, Saoedi-Arabië, Soedan, Somalië, Syrië, Tunesië en de Verenigde Arabische Emiraten.

Woordenlijst

Baklava	een zoete lekkernij (van oorsprong Turks)
Chariot	strijdwagen
Dinar	Jordaanse munteenheid
Gallabiyeh	kledingstuk; lange katoenen mantel die door moslimmannen wordt gedragen; wordt ook wel thoob genoemd
Falafel	van oorsprong een gerecht uit Libanon; vegetarisch broodje gemaakt van kikkererwten of tuinbonen; meestal ook met komkommer en tomaat
Farwa	winterse uitvoering van de gallabiyeh
Hippodroom	paardenrenbaan
Hummus	soort puree van kikkererwten
Kebab	gekruid kalfs, kip- of schapenvlees
Kefiyah	de doeken die de mannen om hun hoofd dragen
Khan	herberg
Muezzin	diegene die binnen de islam, vijf keer per dag, oproept tot gebed
Rababa	vioolachtig instrument, wordt veel door Arabieren bespeeld
Tholos	koepelvormig bouwwerk
Unesco	United Nations Educational Scientific and Cultural Organization
Zerb oven	bedoeïenen-oven

Met veel plezier hebben we overnacht in www.petrabedandbreakfast.com van de Belgische Patricia en haar Jordanese echtgenoot.

Literatuurlijst

reisboeken/romans

Andreoli, Ine. *Shoekran*
Beek van M. *te gast in Syrië en Jordanië*
Caufield, Annie. *Land van sterren*
Faqir, Fadia. *Zoutpilaren*
Geldermalsum, Marguerite van. *Ik woonde in een grot*
Grunveld, R. *Syrië, Jordanië en Libanon*
Khouri Albquaeen, Norma. *Verboden liefde*
Koning Abdullah. *Onze laatste kans*
Koningin Noor van Jordanië. *Een leven in het teken van de vrede*
Lankaster Harding, G. *Archeologie in Jordanië*
Midden, Piet van. *Jordanië; reisgids voor de bewuste bezoeker*
Taylor, D., Tony Howard *Jordan Walks, Treks, Caves, Climbs & Canyons*
Vreeken, Rob. *Baas in eigen boerka*
Vries, Dolf de. *Syrië en Jordanië (in een rugzak)*

*E*erder verschenen van Ada:

Starende beelden op Rapa Nui
een reis van Paaseiland naar Peru

Ghana... een reis op het ritme van de drums
2e herziene druk

In Namibië
kampeerreizen door het leegste land van Afrika
In het Duits te verkrijgen via **www.bod.de** onder de titel
In Namibia

Myanmar
reizen door het Gouden Land
Eerder verschenen als *Myanmar... op blote voeten door het Gouden Land*. Is als 2e druk geheel aangepast.

De drums van TIMKAT
een reis door Ethiopië

In Boeddha's schaduw
een reis door China en Tibet

Onderstaande titels zijn verschenen in de serie:
kleintje Wombat. Verre bestemmingen dichtbij

Deze boeken zijn ook leverbaar als E-boek. E-boeken zijn te bestellen op www.bol.com en www.bod.de.

De zuilen van Jerash
op reis door Jordanië **1e kleintje Wombat**
(eerder verschenen onder de titel *Woestijnkastelen en Stadskamelen*)

De olifanten van Botswana
met een 4x4 door Moremi en Chobe **2e kleintje Wombat**

De vissers van Tanji
op reis in The Gambia **3e kleintje Wombat**

De dhows van Sur
op reis door Oman **4e kleintje Wombat**

De vrouwen van Kafountine
op reis door Gambia en de Casamance in Senegal
5e kleintje Wombat

De zebra's van Namibië
6e kleintje Wombat

*B*en je na het lezen van dit boek, of na het lezen van een van mijn andere boeken nieuwsgierig geworden naar meer verhalen?

Kijk op **www.adarosman.nl** voor lezingen (PowerPoint presentaties) die door Jan worden gegeven.

Ook vind je op deze site alle informatie over mijn boeken. Wil je echter niets missen? Elke twee maanden komt er een gratis Wombat nieuwsbrief uit, met de laatste info over onze reizen, mijn boeken, Jan zijn lezingen en leuke tips voor reizigers en/of lezers. Stuur een mail en je naam wordt op de lijst gezet.

Natuurlijk ben ik te vinden op Facebook, Twitter, Instagram en Linkedin. Misschien vind je mijn Facebook pagina '**Wombat reisboeken**' wel leuk!

Reageren? Wat vragen? Gesigneerd boek bestellen? Interesse in een boeiende lezing? Foto-expositie?

Ik hoor graag van je.

Ada Rosman-Kleinjan * reizen en schrijven
Nieuwstraat 39
7443 XM NIJVERDAL
t 0548-610539
e info@adarosman.nl
www.adarosman.nl
KvK Enschede 0818953

* Hoewel alles met de grootste zorgvuldigheid is geschreven en gecontroleerd, kunnen lezers op geen enkele wijze rechten ontlenen aan de informatie zoals die is beschreven in dit boek.

30

سوريا ١٢٥ كم

عمان ١٠٠ كم

الزرقاء ٧٥ كم

Syria 125 Km

Amman 100 Km

Az Zarqa' 75 Km